緒方康介 著

"暴力死"による
被害者遺族のトラウマ症状
司法解剖例の分析

石川隆紀
前田　均　監修

多賀出版

巻頭言

　成熟した国・地域において市民ひとりひとりの人権を守り，全構成員の内・外的危機を管理する社会的体制を支えるシステムの1つの要が法医学である。法医学がカバーしている領域は，俗に知られている犯罪捜査だけではなく，医療危機管理，感染症対策あるいは労働災害，交通災害や公害への対応などと広範囲に及ぶ。それらの危機はいずれも人の心身に対する傷害行為とそれによる究極の人権侵害である人の死すなわち「異状死」(unnatural death) を含んでいる。「異状死」は警察用語では「変死」と呼ばれ，「外因死」すなわち他為，自為や事故などによる violent death（直訳すると"暴力死"）だけではなく，結果的には病死（natural death）とわかることもある。この社会的危機管理システムの一環としての法医学を効果的に機能させるためには，臨床医学・医療，公衆衛生行政，産業医学・労働行政，臨床心理学・支援制度，社会工学，交通行政や社会福祉・保障などの関連領域との連携が必要である。逆にいえばそれらの各領域の目的を全うするためには法医学との連携を欠くことはできない。

　上記のような社会的危機管理システムの一環としての法医学の最も重要なルーチンワークが法医解剖で，それは不自然な亡くなり方をした人の死の原因と死亡時の状況を調べるために行われる社会的な解剖である。その点が通常の医療管理下で亡くなった人について遺族の同意を得て行われる学術的解剖である臨床的病理解剖とは異なる。法医解剖のうち『刑事訴訟法』に基づく犯罪捜査のための解剖が「司法解剖」である。その他に「行政解剖」といわれる『死体解剖保存法』による「監察医解剖」と「承諾解剖」並びに『食品衛生法』と『検疫法』に基づく解剖があり，今般，新たに制定された『警察等が取り扱う死体の死因又は身元の調査等に関する法律』（いわゆる新法）による解剖（いわゆる「調査法解剖」等）が加わった。法医解剖としての「承諾解剖」は犯罪性が稀薄な場合に遺族らの合意を得て行われてきたもので，非強制的という点で市民と警察との関わりのなかで一定の役割をしてきたと考えられるが，便宜的に承諾を要しない「権力的」ないわゆる調査法解剖によって置き換えられようとしている。法医解剖をいかに円

滑に行っていこうかと考えた場合に,「遺体に対する敬意」や「遺族らに対する配慮」が言葉だけであってはならず,十分な説明と支援が必要である。

「法医解剖は御上の仕事」という認識では社会に受け入れられにくい。その社会的目的上,法医解剖に附される人の家族の方々とは近づきすぎてはならない一定の距離を保ちつつ,どのようにすればその意に沿った対応ができ,その支援に役立てるのかを考えていく必要がある。そこでまず,権力的で強制的な司法解剖に対する個々の遺族の率直な声を聴かせてもらえればという思いからアンケート調査を思い立ったが,それと同時に犯罪等に関わる死亡者とその遺族に起こった出来事と司法解剖に係る心的ストレスの原因と重症度の分析ができれば私たちの解剖手技の改善や遺族支援にも役立つのではないかと考えた。十数年前,そのアンケート調査の開始にあたり,臨床心理学的調査に耐えるような調査票の作成と調査結果の統計学的分析をする必要があり,本学医学部倫理委員会のメンバーであった生活科学部の要田洋江助教授（当時）に人選をお願いしたところ,本著の著者である緒方氏を紹介された。緒方氏には多少重荷ではあったかもしれないが,私たちの期待に十二分に応え,その後長年にわたって共同研究者として精力的に調査結果を分析し,それらを数編の論文にまとめることができた。私たちの調査には必然的にいくつかの制約がある。その1つは限定された調査対象にあり,本当に重症な病的ストレス症状のために当教室に足を運ぶことができない遺族らの参加は望めないことである。また,解剖結果や警察の対応に納得がいかない遺族には調査への協力が得られないこともあった。このような点に関して国内での評価は批判的であったが,我が国の研究論文は意外に少なく,不十分で,国際誌に投稿して一定の評価を受けることができた。遡ってみると私たちの調査では一般的な遺族らの声は概ね聴けているように思われ,そのなかでなるほどと思えるような参考となる統計学的調査結果も得られており,お陰で初期の調査目的を達成することができた。本著は諸外国の研究を参考としつつ,私たちのこれまでの研究成果をまとめたものである。

我が国の法医解剖制度と遺族支援制度は,法規として一応の枠組みがつくられてはいるが,中身が伴っていないという思いがある。具体的にいえば,法医解剖施設とスタッフは海外諸国と比べると著しく貧相で国際標準に見合った認証・認定制度の導入までにはほど遠く,犯罪被害者や遺族に寄り添った心の支援ができるような実務と研究の体制ができているようにはみえない。まずは私たち自身が

研究成果を実務に活かしつつ，それらが我が国の法医解剖に係る環境の改善に何らかの参考になれば幸いと念じている。ここに本著の監修にあたって本調査の経緯を記し，研究総括責任者としての役目を果たすこととしたい。

　　　　　　　　　　　　　　　　　　　　前田　均（大阪市立大学名誉教授）

はじめに

　本邦において"暴力死"という言葉を耳にすることはまだあまりない。"暴力死"は，身体侵襲を扱う法医学などの学術領域では国際的によく使用されている"Violent Death"の直訳で，日本語の定訳とはなっておらず，耳慣れないが（Rynearson, 2001；藤野訳, 2008），他殺，自殺（自死）や事故・災害死などの外因による死亡の総称で，一般には，内因による病死・自然死（natural death）に対して「外因死」と呼ばれている。これらの死亡は，不自然（unnatural）な亡くなり方であることから，法的には「異状死」，警察用語では「変死」に属し，犯罪被害者など，亡くなった人の重大な権利侵害と社会的危機を孕む虞があることから，社会的・法的に重大な関心事となる。犯罪の被害者を中心として被害者支援の気運が高まるなか，被害者遺族に対する支援の必要性も認識されつつある。愛する家族を喪った遺族にとって「死別」は常に個別／特別であり，病死・自然死だからといって悲しみが少ないわけではない。しかしながら"暴力死"による死別は遺された者にとって格別の意味合いを持ち，死別後に与える影響は計り知れないものとなりうる。すなわち，法医学などで国際的に用いられている"Violent Death"という用語には被害者遺族らの支援においても象徴的な含蓄がある。上述のような社会的・学術的背景を考慮して，本書では敢えて"暴力死"という表現を用いることにした。

　我が国では，"暴力死"のうち，警察によって犯罪死あるいはその疑いがあると判断された死亡者はすべて司法解剖に附されることになっている。その担い手は大学の法医学教室である。著者らは，司法解剖において遺族らの期待に応えられるような対応ができているのかどうかを調査することを目的として，各々の遺族の思いや率直な声に耳を傾けるために，平成11年（1999年）から所属大学の法医学教室を訪れた遺族に対してアンケート調査を実施してきた。より良い法医学の実践を目指すために遺族の声を少しでも拾い上げようというのが本来の目的であった。その声を実際に実務に反映させるためには，まずアンケートの実効性を検証する必要があったことから，倫理委員会の承認を得て，一定数の回答が集積

された時点で調査項目について心的外傷後の心理的変調の尺度としての妥当性を統計学的に分析することにした。また，学術的観点からみると，このアンケート質問用紙の有効性が確認されれば，刑事司法手続きのなかで司法解剖が遺族にもたらす影響を検証することにもつながる。本書は十年以上に亘る上記のアンケート調査を通して明らかとなった被害者遺族らの心理反応，特にトラウマ症状に焦点を当て，包括的・多面的に分析した調査結果の報告である。

本書は三部構成となっており，研究の背景と目的を記したⅠ部，調査知見の分析結果を報告したⅡ部，そして知見の総括と結論を導いたⅢ部から成る。特に実証研究の成果を記述したⅡ部は，方法論的妥当性を吟味した4章とその妥当性に基づいて導き出した知見の数々を報告した5章に大別される。

愛する者を喪った悲しみは決して容易に消え去るものではない。しかしその死別からさらなる精神的被害を受けて苦しみ続ける遺族を理解し，より良い支援を提供するために本書が貢献できれば幸いである。

なお本書の刊行は，独立行政法人日本学術振興会の平成28年度科学研究費助成事業における科学研究費補助金（研究成果公開促進費：課題番号16HP5264）の交付を受けており，著者に対する印税は発生しないことを付記する。

目　次

巻頭言　iii
はじめに　vii

Ⅰ部：背景と目的

1章：被害者遺族と司法解剖 ……………………………………………… 2
2章：先行研究 …………………………………………………………… 6
3章：問題意識と目的 …………………………………………………… 23

Ⅱ部：研究知見

4章：トラウマの測定 …………………………………………………… 26
　　1節　調査対象遺族　26
　　2節　トラウマ症状尺度　31

5章：被害者遺族のトラウマ症状 ……………………………………… 40
　　1節　2変量解析　40
　　2節　多変量解析　72
　　3節　"暴力死"の分析　84
　　4節　補足分析　88

Ⅲ部：総合議論

6章：知見の総括 ……………………………………………… 106

7章：限界と課題 ……………………………………………… 120

8章：結論 ……………………………………………………… 122

9章：文献と補遺 ……………………………………………… 123

 1節：引用文献 123
 2節：補遺 135

おわりに──謝辞 141
あとがき 143

"暴力死"による被害者遺族のトラウマ症状
——司法解剖例の分析——

Trauma symptoms of the bereaved who experienced violent loss:
Analyses of forensic autopsy cases

I 部：背景と目的

　被害者遺族に生じやすい精神症状・心理反応とは何なのか。なぜ被害者遺族の心理学的理解を深めるために調査を実施する必要があったのか。I 部では，著者らが司法解剖実践に取り組むなかで見出した被害者遺族を巡る司法制度の現状（1章），先行する研究知見（2章），それらから導かれる問題意識と本書の研究目的（3章）が説明される。

1章：被害者遺族と司法解剖

　「司法解剖」(legally ordered autopsy) とは，犯罪性のある死体またはその疑いのある死体の死因などを究明するために行われる法医解剖（forensic/medico-legal autopsy）のことである。『刑事訴訟法』にその法的根拠がある。法医解剖には，その他にも『死体解剖保存法』などに基づく行政解剖や『警察等が取り扱う死体の死因又は身元の調査等に関する法律』によるいわゆる「調査法解剖」などがある。司法解剖は犯罪捜査の一環であり，遺族の同意は必要とされていないが，解剖に際しては原則的に遺族に十分に説明して了承を得ることとされている。死因が明確な場合であっても，身内が死亡した理由やその状況を詳細に知りたいと思うのは当然の遺族感情である。とりわけ，他殺，自殺や事故などの可能性がいずれも捨て切れず，死因が判然としないという状況は遺族に相当の心労となる。司法解剖の結果から，愛する家族の死因を知ることが喪の作業（mourning work：死別の悲しみから回復する心理的過程）を進める上で重要なこともある。司法解剖の結果，「死亡の原因」（cause of death）と「死因の種類」（manner of death）が究明される。「死亡の原因」とは，死を惹き起こす端緒となった傷病（原死因）から最終的に死因となった傷病や容態（直接死因）に至るまでの死亡過程に生じた一連の病態と，その過程に悪影響を及ぼした傷病や身体状況をいい，「大動脈破裂」による「出血性ショック」などと記載される。また，「死因の種類」とは，先の「大動脈破裂」の原因が「疾病」（病死）か，あるいは「他害行為」（他殺），「自為」（自殺）や「災害」（不慮の外因死）によるものなのか，といった死因の生じ方のことである（表1-1　厚生労働省大臣官房統計情報部・厚生労働省医政局, 2014）。

　警察庁が発表している統計によると，日本国の司法解剖率は1.2～1.4％台で推移している（図1-1）。日本法医学会庶務委員会（2007）の報告によると，この数値は先進諸国間では異常といえるほどの低率であり，死因究明制度の抜本的改革が訴えられている。

表1-1 司法解剖によって分類される死亡の種類

1	病死及び自然死		疾病による死亡及び老齢、老化による自然死
外因死	不慮の外因死	2 交通事故	運転者、同乗者、歩行者のいずれかを問わず、交通機関（自動車、自転車、鉄道、船、航空機等）の関与による死亡
		3 転倒・転落	同一平面上での転倒又は階段・ステップ・建物等からの転落による死亡
		4 溺水	溺水による死亡をいい、海洋、河川、池、プール、浴槽等の場所は問わない ただし、水上交通機関の事故によるものは「交通事故」に分類する
		5 煙、火災及び火焔による傷害	火災による死亡（火傷、熱傷、一酸化炭素中毒、窒息等すべて）及び火焔による火傷での死亡
		6 窒息	頚部や胸部の圧迫、気道閉塞、気道内異物等による窒息死
		7 中毒	薬物又はその他の有害物質への接触、吸入、服用、注射等による死亡
		8 その他	異常な温度環境への曝露（熱射病、凍死）、潜函病、感電、機械による事故、落下物による事故、落雷、地震等による死亡
	その他及び不詳	9 自殺	死亡者自身の故意の行為に基づく死亡で、手段、方法を問わない
		10 他殺	他人の加害による死亡で手段、方法を問わない
		11 その他及び不詳の外因	刑の執行、戦争行為による死亡及び外因死であることは明確であるが不慮の外因死か否かの判別がつかない場合
12	不詳の死		病死及び自然死か外因死か不詳の場合

　ところで死因が究明されたとしても、家族の死亡という出来事は遺された者に精神的苦痛をもたらすものである。その死因が病死や自然死ではなかった場合、特に、他殺、自殺、事故といった"暴力死"により愛する者の命が奪われた遺族の苦悩は計り知れない。こうした被害者遺族に対する我が国の支援制度として犯罪被害給付制度がある。殺人などの故意の犯罪行為により不慮の死を遂げた犯罪被害者の遺族に対して、社会の連帯共助の精神に基づき、国家が犯罪被害者等給付金を支給し、その精神的・経済的打撃の緩和を図ることを目的としている。『犯罪被害者等給付金の支給等による犯罪被害者等の支援に関する法律』に根拠があり、最高3,000万円弱が遺族給付金として支払われる。

　犯罪被害給付制度は被害者本人だけでなく遺族も対象としている点で支援の幅を拡げている。しかし自殺や事故は対象とされておらず、現時点では"暴力死"により身内を喪ったすべての者への支援制度は存在しない。「〇〇遺族の会」を

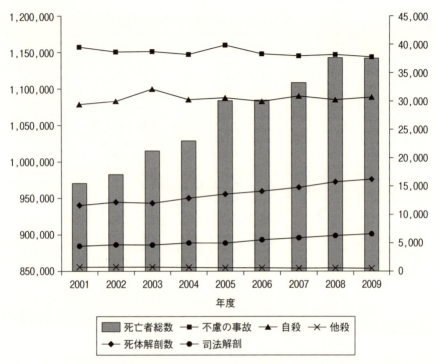

図1-1 人口動態統計（厚生労働省大臣官房統計情報部人口動態統計課）と死体取扱総数（警察庁刑事局捜査第一課）による司法解剖率の推移：死亡者総数のみ左軸

銘打った支援団体などは，他殺，自殺，事故を問わず存在しているものの，法的根拠のある制度ではない。さらに犯罪被害給付制度も基本的には経済的支援であり，精神的・心理的支援が制度として設けられているわけではない。ボランティア団体や各自治体で被害者遺族を対象とした相談室を設置している場合もあるが，"暴力死"の被害者遺族に特化した専門家が配置されているわけでもない。すなわち，本邦における被害者遺族への精神的・心理的支援は未確立な状況にあるといわざるをえない。

"暴力死"は突然生じるため，遺族は多くの場合，警察などの第三者から連絡を受け，愛する家族の死を知ることになる。「なぜ死ななければならなかったのか？」といった疑問，「信じられない」といった否認，「わたしのせいかも知れない……」といった自責など，死亡を知った時点での感情反応はさまざまである。

その後も，気分が重くなったり，生きる意味を見失ったり，不幸であると悩むようになったり，楽しみや悲しみさえ感じなくなったり，周囲の人から孤立してしまったりと，さまざまな心理反応が生じる。やがて食欲や睡眠などの日常生活にも変化が現れると，うつ病，不安障害，アルコール依存，そして Posttraumatic Stress Disorder（PTSD）などの精神症状が認められることもある。

　次章では，こうした被害者遺族に生じる心理反応・精神症状のうち，特に本書のテーマである PTSD 症状を中心に先行研究で報告されている知見を整理する。死別と PTSD の関係は Bonanno and Kaltman（1999）も示唆しているように，臨床的に重複している側面もあり，2つの概念を統合していくことが理論的に重要となる。なお，2015年現在においては，アメリカ精神医学会による『Diagnostic and Statistical Manual of Mental Disorder（DSM）』も第五版（DSM-5）が刊行され（American Psychiatric Association：APA, 2013），日本語訳も出版されている（APA, 2013；髙橋・大野・染矢・神庭・尾崎・三村・村井訳, 2014）。しかしながら本書の研究が開始された1999年当時は第四版（APA, 1994；高橋・大野・染矢訳, 1995）が最新版であったため，PTSD に係る研究知見は基本的にDSM-IV の定義に即したものとなっている（補遺①）。

2章：先行研究

　犯罪被害者の心理反応を分類した中島（1999）によると，①怒り・憤怒，②罪悪感・自責感，③恥辱感・屈辱感，④悲嘆・悲哀，⑤未来への希望がなくなる，⑥自信がなくなる，⑦他人への信頼感がなくなる，以上6つが被害者本人の主要な症状である。しかし犯罪や事故による影響は被害者本人だけに現れるものではない。被害者遺族に生じる心理反応・精神症状はさまざまであるが，先行する知見では，"暴力死"による死別をトラウマ体験と捉えた上でPTSD概念が適用されてきた。被害者遺族のPTSD症状を調べた知見も少しずつ蓄積されており，過去30年間を通して一定の成果が報告されている。アメリカ国立医学図書館とアメリカ国立衛生研究所が運営するPubMed Central (http://www.ncbi.nlm.nih.gov/pmc)による論文検索から，「遺族（bereaved）」と「PTSD」の組み合わせでヒットした文献から，要旨（abstract）を確認して"暴力死"と関連する研究知見を絞り込んだ。以降では先行研究を時系列に沿って整理した。

1980年代
　トラウマ概念の発見をどの時点まで遡るのかについて歴史学的な定説はないが，第一次世界大戦後の「戦争神経症」と呼ばれた精神症状を起源とする見方は多くの教科書で採用されている。しかしPTSDという「診断名」は1980年刊行のDSM-Ⅲで初めて登載されるに至った。したがって学術的な文献にPTSDという専門用語が登場するのは1980年代となる。この年代には2つの報告がある。1つは心理療法の研究であり，もう1つは他殺による死別の影響を調べた報告であった。
　短期的な精神分析療法を受けた遺族52名を対象にして，どのような変数が治療効果と関連するのかが調べられた。概して，遺族の精神状態を安定させて再び働き出すために精神分析療法は役立っていたが，労働力の回復よりも精神症状の改善に対して効果が高かった。治療開始前の機能不全や心理的苦悩の大きさは，治

療効果と有意に関連する一方で，遺族の基礎属性や性質は治療効果に影響していなかった。治療契約や治療者の行為など，治療過程における変数も治療効果と関連していなかった。精神分析療法への動機付けと自己概念の発達段階における交互作用が治療効果に影響しており，高く動機付けられ，良い自己像を保てている遺族では精神分析療法による自己洞察も適しているが，動機付けが低く，自己概念が統合されていない遺族での治療効果は薄かった。動機付けの低い遺族には支援的な方法が適しているが，逆に動機付けの高い遺族には支援的方法では治療効果がないという結果と解釈された（Horowitz, Marmar, Weiss, DeWitt, & Rosenbaum, 1984）。この研究は遺族に対する心理支援を考える上で示唆に富んでいる。治療への動機付けと自己像の評価に基づいて，遺族に適用する心理技法を変更することが有効なのかも知れない。

　身内を殺されたという認識は遺族の臨床像に特異的な影響を与える。親族を殺された被害者遺族15名の報告を分析すると，他殺による死別は，遺族の認知的，行動的，情緒的反応と関連しており，いくつかの心理反応はDSM-Ⅲの慢性的あるいは遅延性PTSDの診断基準に合致していた（Rynearson, 1984）。症例数こそ少ないものの，犯罪被害者遺族の心理反応・精神症状をPTSDと捉えうる可能性が既にこの知見で示唆されている。

1990年代

　1987年の改訂（DSM-Ⅲ-R）ならびに1994年の第四版（DSM-Ⅳ）へもPTSD概念は継承されており，被害者遺族を対象とした調査知見も少しずつ増えてきた。そのなかでMurphy, S. A.を中心とした研究チームによる一連の報告も始まった（この一連の研究報告は時系列に沿った知見の整理とは別立てとして後述する）。

　死別後に遺族が心理社会的な健康を損なう過程において，どのような要因が影響しているのかを調べるため，自殺91名，交通事故93名，病死125名の一親等遺族が分析された。縦断的な方法により，配偶者が死亡した73名，両親を亡くした68名，きょうだいを喪った86名，片方の親を亡くした82名に複数回の面接が実施された。死別後4ヶ月および14ヶ月時点で構造化面接による調査が実施され，死別の前後における身体的，心理的，社会的機能の変化が測定された。測定時点で阻害されていた健康の心理社会的な側面に対する死因の影響は小さかった。さらに"暴力死"による遺族と同様，病死の遺族にもPTSD症状が認められた。死

亡者との続柄は，遺族の身体的，心理的，社会的機能に関連しており，両親（特に母親），配偶者を亡くした夫，死亡者の姉妹では，片親を亡くした子ども，兄弟を喪った者，配偶者と死別した妻よりもひどく健康を阻害されていた。死別後に生じる心理的困難の重篤さは続柄によって異なっており，死別後初期に適応が崩れていた遺族では長期間経過後の適応も芳しくなかった（Cleiren, Diekstra, Kerkhof, & van der Wal, 1994）。この調査では，死因よりも続柄が遺族の心理反応・精神症状と強く関連することが示唆されていた。

テキストマイニングを用いて，死亡者や他の話題に関する遺族の語りを分析し，その話題を語る際の流暢さなどの言語パタンを調べた研究がある。語りの構造を調べるために因子分析を用いて心理的苦悩の多少から遺族を分類した。さらに独身の遺族に対しては心理治療の初期と後期で語りの構造を比較した。心理的苦悩の多少や独身の遺族に対する治療の初期／後期では有意な違いがあり，遺族の語りを量的・質的に分析することでストレスに対する不適応反応を発見できる可能性が示された（Stinson, Milbrath, & Horowitz, 1995）。遺族の心理反応・精神症状を理解するに際して，語られた言葉に焦点化している点でこの知見は独創的である。しかも分析結果は，遺族の語りからストレスに対する不適応反応を検出できる可能性を示しており，被害者遺族への心理支援を実践する臨床家にとって有意義な知見である。

1990年代になり，以前に考えられていたよりもPTSDは一般的な疾患であるとの認識が進み，DSM-IVには従来よりも幅広いストレス要因が診断のA基準に含められた。それにもかかわらず，PTSDを生じさせるストレス要因に死別は含まれなかった。死別をA基準に含めるべきかの問題に取り組んだ調査では，配偶者を亡くした遺族350名のPTSD有病率，持続期間，併存障害の有無，そして症状の経過が調べられた。DSM-IVに準じて構成された質問項目に基づく診断では，配偶者死亡から2ヶ月が経過した時点において，慢性疾患が死因の病死遺族では10％，予期しなかった死別を体験した遺族では9％，自殺や事故が死因となった"暴力死"の遺族では36％がPTSDと判定された。PTSD症状は遺族の少なくとも40％で慢性化しており，ほとんどの場合にうつ病や重篤な病的状態が併存していた。研究結果からは，死別というストレス要因でもPTSDが生じる可能性が示唆された（Zisook, Chentsova-Dutton, & Shuchter, 1998）。この知見を拡張して解釈するならば，正式な診断基準には含まれていない他のストレス要因

でも PTSD が生じる可能性が考えられ,診断における A 基準（DSM-IV）には検討が必要といえる。

家族の喪失という観点から,1995年に起きたオクラホマ市での爆破事件に巻き込まれた中高生が調査された。爆破事件から7週間後,3,218名の学生に曝露体験,個人的影響,初期反応,現時点での PTSD 症状を測定する質問紙が実施された。約3分の1の学生にはこの爆発によって死別した知人がいた。死別しなかった学生に比較すると,覚醒と恐怖の症状,家庭と学校の環境変化,PTSD 症状の自己報告が死別した学生に多かった。事件当時を振り返った回顧的な評価を加味すると,事件直後に覚醒や恐怖の症状を体験した者は7週間後にも症状が多く認められ,トラウマ体験後の初期反応が後に続く PTSD 症状の進行に重要であった（Pfefferbaum, Nixon, Tucker, Tivis, Moore, Gurwitch, Pynoos, & Geis, 1999）。"暴力死"による死別が遺族に PTSD 症状を惹き起すことはこの知見からも支持されている。

2000年代

診断基準は2000年に刊行された第四版の改訂版（DSM-IV-TR）にも受け継がれ,不安障害の1分類として PTSD 研究は百花繚乱の様相となり,被害者遺族を対象とした知見も増加していった。

老年期に配偶者を喪うことが遺された者にどういった影響を及ぼすのか,とりわけ PTSD が生じる可能性を調べるためにデンマークで平均75歳の遺族54名が調査された。ハーバードトラウマ質問紙（Harvard Trauma Questionnaire：HTQ）,トラウマ症状チェックリスト（Trauma Symptom Checklist：TSC）,危機サポート尺度（Crisis Support Scale：CSS）により PTSD 症状が測定された。死別後ひと月では遺族の27％に PTSD が認められたものの,半年後には17％に減少していた。ところが A 2基準を除いて評価すると,半年後の PTSD 罹患率は24％にまで上昇した。要因分析からは,①表現力の欠如,②無感覚,③死や病気に対する恐怖心,④喪失に対する無力感によって HTQ 得点の73％が説明可能であった。特に死別前後の時期に無感覚症状があれば,半年後にもトラウマ症状が持続している可能性が高かった（Elklit & O'Connor, 2005）。「老年期に配偶者を喪う」という第三者からは「予期しやすい」と思われがちな死別であっても,遺された者にとっては外傷的な体験となりうる可能性を示唆したこの知見は高齢者支援を考

える上で有意義であった。

　ノルウェーの調査を通して，きょうだいを亡くした未成年遺族の心理社会的適応と支援ニーズが調べられた。分析結果によると，遺族が若いほど，外傷後反応，悲嘆反応，抑うつ症状，不安症状が多かった。しかし遺族の抱える困難の多くは個人的な問題ではなく，ほとんどが対人関係や社会的状況の課題であった。きょうだいの死という非日常的な体験は友人関係にも影響しており，体系的な支援プログラムの必要性が示唆された（Dyregrov & Dyregrov, 2005）。きょうだいは「忘れられた遺族」といわれるほど，これまで研究者の関心ではなかったが，この知見は，きょうだいであっても死別からさまざまな心理反応が生じることを示した点で意義深いものと考えられる。

　小児がんの患児39名と親を亡くした子ども39名の計78名に対して，PTSD症状，抑うつ感，不安症状，将来の不安に関する質問紙調査が実施された。小児がんを患った子どもよりも親を失った子どもにPTSD症状が多かった。PTSD症状の群間差は子どもが感じている将来の不安によって部分的に説明可能であり，将来を不安に思うほどPTSDリスクが高まっていた（Stoppelbein, Greening, & Elkin, 2006）。この知見は，小児がんという直接的な体験よりも親の死という間接的なトラウマの方が子どものPTSD症状に影響することを示しており，死別のもたらすストレス負荷の大きさを物語っている。

　DSM-IVにおけるPTSDは，①再体験，②回避行動，③過覚醒の中核症状に規定された不安障害として定義されている。PTSDの因子構造を調べた研究は散見されるものの，遺族を対象に喪失と関連したPTSD症状の因子構造を分析した報告はなかった。遺族347名に対して5つの因子モデルの適合度が比較された結果，①再体験，②回避行動，③不快気分，④過覚醒の4因子モデルによって遺族のPTSD症状は最も説明できていた。さらに抑うつ症状と複雑性悲嘆の相関パタンからも4因子モデルの妥当性が支持された（Boelen, van den Hout, & van den Bout, 2008）。PTSDを発症する引き金となった出来事の種類によって症状の因子構造が異なること，とりわけ，死別という体験が遺族に生じさせるPTSD症状には若干の特異性があることをこの知見は示している。

　他の死因と比較して，自殺による遺族にどのような心理反応・精神症状が生じるのかを調べた報告がある。データベース検索から41の研究知見が分析候補の基準に合致した。質的な分析を通して，一般的な精神の健康状態，抑うつ，PTSD

症状，不安，遺族自身の自殺行為に関して，自殺による死別を体験した遺族と他の死因による遺族との間に明確な差はなかった。一般的な悲嘆尺度や自殺に特化した尺度を用いた分析でも明確な差異はなかったが，自殺による死別という特異性を考慮すると，①拒否感，②恥，③スティグマ，④死因を隠す必要性，⑤非難といった心理反応は，自殺により身内を喪った遺族に多かった（Sveen & Walby, 2008）。この知見は定性的な評価に終始しているものの，"暴力死"の1つである自殺が遺された者の心理反応に影響することを明らかにしている。

近親者を自殺で亡くした遺族に対する知覚されたストレス尺度（Perceived Stress Scale：PSS）の計量心理学的特性を調べた研究がある。信頼性および妥当性を統計的に分析すると，知覚されたストレス尺度は，短縮版を含めたいずれの版でも十分な信頼性が備わっていた。PSS短縮版には，PTSD症状尺度と精神的健康を測定するQOL尺度との間に収束的・併存的妥当性も確認された。因子分析の結果から，自殺による死別を体験した遺族のPSS短縮版にも妥当性が確認された（Mitchell, Crane, & Kim, 2008）。この研究の目的は尺度の特性を調べることであったが，身内を自殺で亡くすというストレスとPTSD症状との間に収束的妥当性を確認しており，近親者の自殺が遺された者に与える影響を示した知見となっている。

親を亡くした子どものトラウマ性悲嘆とPTSDの発症について，特に突然の"暴力死"によって親を喪った場合と予測できた死別の場合とを比較した研究がある。親を亡くした7～16歳の子ども158名が拡張版悲嘆質問紙（Extended Grief Inventory）に回答し，そのうちの127名はUCLA PTSD Indexにも回答した。多くの子ども達に中～重度の悲嘆症状が認められたものの，死別の異なる2群間ではどちらの尺度得点にも差がなかった（McClatchy, Vonk, & Palardy, 2009）。親の喪失というストレスは，突然の"暴力死"か予期された死別かにかかわらず子どもに大きな影響を与えており，この知見から，死因よりも死亡者との続柄が重要であることが示唆された。

「出来事の中心性（Centrality of Event）」という概念がPTSD研究のなかで関心をもたれ始めている。出来事の中心性とは，当該個人の日常生活や人生の語りあるいは自己同一性において，トラウマ体験の記憶がどの程度中核部分を占めているかを示す概念である。死別後に生じる情緒的問題における死別体験自体の中心性について遺族254名の自己報告が分析された。出来事の中心性は，①死亡者

との親密性によって異なるが，他の死別関連変数とは関係がなかった。ところが②複雑性悲嘆，抑うつ，PTSD，神経症，認知行動上の変数とは関連していた。しかも③神経症や認知行動上の変数を統制すると，抑うつと PTSD とに検出された関連性は消失したが，複雑性悲嘆との関連だけはなおも残っていた（Boelen, 2009）。死亡者との間柄が親密であれば死別は遺族において中核的な出来事となり，さまざまな精神症状が出現することをこの知見は見出している。続柄という形式だけでなく，実際の生活における死亡者との親密度合いが，遺された者の心理反応・精神症状に影響するものと考えられる。

2010年代

近年になって被害者遺族の PTSD 症状をテーマとした研究報告は明白に増加してきている。2013年には最新版の DSM-5 が刊行され，PTSD は不安障害の1つではなく，トラウマ関連障害として独立することとなった。

家族を殺された遺族の心理的適応は"暴力死"それ自体の性質だけでなく，支援者との関係性によっても異なってくる。他殺による死別を体験したアフリカ系アメリカ人54名に対して，支援内容，支援者の数，支援者が家族か他人か，支援者とのネガティヴな関係性の数が調べられた。複雑性悲嘆，PTSD，抑うつといった死別による精神症状に対する社会支援の効果を分析すると，①利用可能な支援者の数，②ネガティヴな関係性の数，③悲嘆に特化した支援内容であることが死別後の精神症状と関連していた（Burke, Neimeyer, & McDevitt-Murphy, 2010）。この知見から，身内を殺害された遺族では支援者の数やその関係性など，死別後のサポートが精神症状の緩和に繋がりうることが明らかにされた。

親を喪った子どもに対して6年間にわたり実施された死別後の家族プログラム（Family Bereavement Program）における治療効果が無作為化比較対照試験により検証された。保護者が死亡した家族156世帯から8～16歳の子ども244名が調査された。男児53%，女児47%，白人67%，少数派民族33%であった。子どもらは無作為に介入群135名と統制群109名に割り付けられた。改訂版テキサス悲嘆尺度（Texas Revised Inventory of Grief）と侵入的悲嘆思考尺度（Intrusive Grief Thoughts Scale）が，介入前，介入後，介入終了11ヶ月後，6年後の4回にわたり評定された。最後の6年目にはトラウマ悲嘆尺度（Inventory of Traumatic Grief）も実施された。介入後および6年後に評定された悲嘆の重症度ならびに

介入後の時点で臨床的支援を要する水準にあった子どもの割合は統制群と比較すると大幅に減少していた。介入時点で悲嘆症状が軽かった子ども，年長の子ども，男児に対しては，トラウマ悲嘆尺度の社会的孤立得点が介入により低下した (Sandler, Ma, Tein, Ayers, Wolchik, Kennedy, & Millsap, 2010)。保護者と死別した子どもに対する支援プログラムの有効性ならびにその効果が6年後まで維持されることをこの知見は示している。

　老年期における配偶者との死別後18ヶ月間にPTSDがどの程度発症するのかを調べた報告がある。自己記入式の質問紙で，トラウマ症状（HTQ），対処方略（Coping Style Questionnaire：CSQ），危機介入支援（CSS），パーソナリティ特性（NEO-Five Factor Inventory）が測定された。平均73歳になる高齢者遺族296名が，死別後2，6，13，18ヶ月時点で調査に参加した。配偶者以外の身内を少なくとも1人以上亡くしている平均70歳の高齢者276名が対照群に選ばれた。PTSD罹患率は対照群4％に対して，配偶者死別群では16％と高く測定期間を通して一貫していた。階層的重回帰分析における4つの予測因子による分散説明率は49％であったが，予測因子の影響は互いに重なり合っており，死別直後の苦悩だけが最終的に有意となった（O'Connor, 2010a）。Elklit and O'Connor（2005）同様，老年期の配偶者喪失がトラウマ体験となり，その影響が18ヶ月後まで消失しない可能性がこの知見から示唆されている。

　死別体験に何らかの意味を付与する，あるいは死別体験から得たものを書き出すといった作文内容を指示する群と，死別に対する感情表出を目的にして内容に関する指示は出さない群，そして統制群の3群に対象となった遺族を無作為に割り付けた。大学生の遺族68名が1回20分の作文課題を1週間で3回完遂した。どちらの介入群でも身体的健康は改善しており，作文作業の効果は，①悲嘆障害，②抑うつ，③PTSDに対して3ヶ月後まで続いていた。特に死別体験から得たものを書き出す群での効果が高かった。(Lichtenthal & Cruess, 2010)。死別から得たものを文章化して表現するように指示することは，遺族の精神症状を軽減させる効果があると考えられる。

　不確実な事態に対してネガティヴに反応してしまう傾向を不確実低耐性（intolerance of uncertainty）といい，不安感のような心理反応だけでなく不安障害のような精神症状とも関連する。不確実事態に耐えられない個人では死別体験後に深刻な苦悩が生じるのではないかという仮説を調べるために，遺族134名の自己

評定データが分析された。死別後の期間，神経症傾向，心配症傾向を統制した後でさえ，不確実低耐性は複雑性悲嘆とPTSD症状との間に有意な正の相関があった。心配症，複雑性悲嘆，PTSDの症状が互いに重なり合う部分を統制しても，不確実低耐性と心配症およびPTSD症状との関連はなおも有意に残った（Boelen, 2010）。この知見により，心配症の認知要因である不確実低耐性が死別後の情緒的苦悩を悪化させることが示された。

以前は「複雑性悲嘆」と呼ばれていた遷延性悲嘆障害には，死別体験に特異的な中核症状があるといわれている。他の死別後に生じる症状との鑑別は可能なのか，診断の妥当性に関する議論は続いている。遷延性悲嘆障害の中核症状が，①不安，②抑うつ，③PTSDと鑑別できるのか，クロアチアの地域住民から遺族223名が集められ，改訂版複雑性悲嘆尺度（Revised Inventory of Complicated Grief）が実施された。抑うつと不安はベック抑うつ・不安質問紙（Beck Depression and Anxiety Inventories）によって各々測定された。PTSDの再体験と回避行動は改訂出来事インパクト尺度（Impact of Event Scale-Revised）によって評価された。主成分分析で5つの症状が区別可能か検証したところ，①遷延性悲嘆，②抑うつ，③不安，④再体験，⑤回避行動の5つの症状はそれぞれ5つの主成分に区分された（Golden & Dalgleish, 2010）。この結果から，死別後に出現するいくつかの精神症状は互いに鑑別可能であり，他の精神症状とPTSDが異なるトラウマ反応であることを示唆している。

配偶者が生存している群276名との比較を通して，最近配偶者を亡くした高齢者のPTSD発生率が調べられた。平均73歳になるデンマーク人高齢者296名（男性113名）に対して死別後2ヶ月時点で調査が行われた。PTSDと抑うつ症状を自己報告式の質問紙で測定している。死別群で37%，対照群で22%が軽〜重度の抑うつ症状を示した。死別を体験した遺族全体に生じるのと同程度に，人生後期の配偶者喪失がPTSDを発症させていた（O'Connor, 2010b）。Elklit and O'Connor (2005) およびO'Connor (2010a) に続く一連の報告であり，一般常識や社会通念に反して，人生後期であっても，配偶者と死に別れることがPTSDを発症させるほどのトラウマ体験となることを示している。

子どもと死別した両親93名の認知処理を調べた研究がある。喪失体験と関連する不適応的な認知を測定するためトラウマ布置同定尺度（Trauma Constellation Identification Scale）を用いて，トラウマ体験の前，当時，後における尺度得点

を評定させた。子どもを喪っていない両親と比較して死別した両親の尺度得点は有意に高かった。尺度得点は一般的な精神症状だけでなく PTSD とも関連していたが，とりわけ尺度得点と最も強く関連していたのはトラウマ体験後の情緒的対処方略と認知処理であった（Jind, Elklit, & Christiansen, 2010）。すなわち，死別後に自らの感情体験をどのように整理し，子どもの死をどのように受け止めるのかという認知の仕方が，子どもと死に別れた親の精神症状に影響し，重篤性も違ってくることをこの知見は示している。

　配偶者あるいは子どもを亡くした遺族に死別後4，18ヶ月時点で調査し，自己価値観と世界観（慈悲心，世界に意義があるとの信念）による媒介効果が検証された。病死・自然死による死別群に比較すると，4ヶ月および18ヶ月時点で，"暴力死"を体験した遺族では PTSD，悲嘆，抑うつ症状が重かった。死別後4ヵ月時点では，自己価値観が"暴力死"による PTSD や抑うつ症状を媒介しており，18ヶ月時点でも自己価値観が PTSD 症状と関連していた（Mancini, Prati, & Black, 2011）。この知見から"暴力死"に対する心理反応には，配偶者や子どもを喪った後も自分に価値を見出し続けられるかどうかが重要となることがわかった。

　ストレスと抑うつに係る調査に参加した健康な成人142名を対照群とし，うつ病患者111名における死別体験率と複雑性悲嘆症状発生率（複雑性悲嘆尺度で25点以上）が比較分析された。抑うつと複雑性悲嘆が重複している患者とうつ病だけの患者を区別して，①複雑性悲嘆，②抑うつ，③不安，④トラウマへの曝露，⑤知覚された社会支援の5つの変数を比較すると，うつ病だけの患者（79.3%）と対照群（76.1%）との間に死別体験率の差はなかったものの，死別を体験したうつ病患者（25.0%）は，死別を体験していない患者（2.8%）よりも複雑性悲嘆症状が多かった。男性にはなかったが，うつ病の女性が複雑性悲嘆を示した場合，パニック障害，社会不安障害，PTSD も多く併存していた（Sung, Dryman, Marks, Shear, Ghesquiere, Fava, & Simon, 2011）。この知見から，抑うつを示す患者に対して複雑性悲嘆症状を把握し，とりわけ女性の場合には死別体験の有無と PTSD 症状を査定することが臨床的には有意義であると考えられる。

　"暴力死"によるトラウマ性悲嘆症状の治療改善を目的とした研究がある。Shear の複雑性悲嘆治療（Shear's Complicated Grief Treatment）を修正したトラウマ性悲嘆症状治療プログラム（Traumatic Grief Treatment Program）には，①心理教育，②現実曝露，③想像上曝露，④死者との記憶の整理，⑤死者との想

像上の対話が含まれている。トラウマ性悲嘆を訴えて PTSD 診断にも合致した日本人女性15名のうち13人が毎週の個人面接を完遂した。複雑性悲嘆尺度，改定出来事インパクト尺度，抑うつ尺度（Center for Epidemiologic Studies Depression Scale）によって効果測定を行うと，治療終了時点での精神症状は有意に軽くなっており，12ヶ月後の再評価でも軽減効果は維持されていた。ジェイコブソンの信頼性変化尺度（Jacobson's Reliable Change Index）によると，治療対象となった女性の46％ですべての尺度得点が変化していた（Asukai, Tsuruta, & Saito, 2011）。この知見から，PTSD を伴うトラウマ性悲嘆の心理治療として"暴力死"の遺族に対する支援プログラムが本邦でも有効であると考えられた。

　死別や悲嘆の研究領域では，愛する人を喪った後，遺された個人が劇的に成長するという事実がしばしば観察されてきた。一親等親族を喪った遺族，二親等親族を喪った遺族，血縁のない友人を喪った者，合計146名を対象に調査が行われた。悲嘆の重症度ならびに続柄の相違により，トラウマ体験後に生じる遺族の成長は異なっていた。たとえば，二親等親族の遺族に比較すると，一親等親族の遺族では死別後に精神的な成長を遂げた者が多かった。さまざまなトラウマ体験者と同様，喪失体験を深刻に自己評定した者ほど，成長度合いも大きかった（Armstrong & Shakespeare-Finch, 2011）。大規模な自然災害などの体験後，トラウマを克服した者にしばしば観られる"Posttraumatic Growth"と呼ばれる現象は，愛する家族を喪うという死別体験後にも生じうることがこの知見から示された。

　前年に家族と死に別れた遺族176名に出来事の中心性尺度を評定させた。①遷延性悲嘆，②抑うつ，③死別に関連した PTSD 質問紙にも回答させた。対象者のうち100名は各症状尺度を1年後に再度実施された。喪失体験の中心性は，①遷延性悲嘆，②抑うつ，③ PTSD 症状の重症度と関連しており，前年の重症度を統制した後でさえ，1年後の各症状の重症度を予測できた。さらに，①神経症傾向，②愛着不安，③愛着回避，④死者への固着といった死別に関連する変数を統制しても，喪失体験の中心性と各精神症状は関連していた（Boelen, 2012）。この知見は，Boelen（2009）に続く報告であり，死別のような深刻な出来事に意識の中心が占領されると，後に生じる精神症状が悪化することを示唆している。

　PTSD 単独の症状や複雑性悲嘆および PTSD の重複症状から，複雑性悲嘆の臨床的特徴を鑑別できるのかを検証するために，PTSD 患者66名，複雑性悲嘆患者22名，重複患者28名の合計116名が研究に参加した。① DSM-IV の第Ⅰ軸障害

に係る構造化臨床面接（SCID-I/P），②複雑性悲嘆尺度，③成人分離不安尺度（Adult Separation Anxiety Questionnaire），④仕事と社会適応尺度（Work and Social Adjustment Scale），⑤気分症状自己報告（Mood Spectrum-Self Report）が測定された。複雑性悲嘆は女性に多く認められ，うつ病は複雑性悲嘆と重複しがちであったが，双極性障害はPTSDと複雑性悲嘆の重複障害群で最も多かった。いずれかの単独障害の患者に比較して重複障害の患者で成人分離不安尺度の得点が高かった。重複障害群とPTSD単独群では気分症状自己報告のなかで躁症状得点が高かった。ただし仕事と社会適応尺度上に群間差はなかった（Dell'Osso, Carmassi, Musetti, Socci, Shear, Conversano, Maremmani, & Perugi, 2012）。死別に特異的な精神症状のうち，少なくとも複雑性悲嘆とPTSDは鑑別可能であることがこの知見により示された。

　愛する者を喪った後，平均2年4ヶ月が過ぎた成人遺族125名に質問紙調査を行い，PTSDと複雑性悲嘆症状を測定した知見がある。トラウマ体験後苦悩尺度（Peritraumatic Distress Inventory），改定出来事インパクト尺度，複雑性悲嘆尺度によって，トラウマ体験後の苦悩，PTSD，複雑性悲嘆の症状が各々測定された。現時点での心理的苦悩を含むモデルでは，トラウマを体験した時の苦悩こそが，後のPTSDや複雑性悲嘆と最も強く関連していた（Hargrave, Leathem, & Long, 2012）。PTSDや複雑性悲嘆の進行過程において，トラウマに曝露した直後の心理反応は重要であり，トラウマ体験直後に苦悩を強く訴える突然死の遺族ではPTSDや複雑性悲嘆を患いやすいと考えられる。

　他殺，自殺，事故といった"暴力死"は，ある日突然，予期せずに生じる。"暴力死"による遺族の12.5〜78.0％で複雑性悲嘆が認められており，複雑性悲嘆の発症要因として，①併発する精神障害，②死への準備性，③死の意味づけが困難なこと，④自分あるいは他者に対する否定的な評価，⑤さまざまな社会的ストレスといった要因は，どのような影響を及ぼすのかが調べられた。前頭前皮質および前帯状皮質の活動を抑制し，喪の作業が進められなくなるため，複雑性悲嘆の症状が進行する上でPTSDの寄与は大きかった（Nakajima, Ito, Shirai, & Konishi, 2012）。この報告は，"暴力死"による複雑性悲嘆の生理学的基盤を調べようとした研究であり，"暴力死"が遺族に惹き起こす心理反応・精神症状の理解を脳生理学の観点から深める意味で有益な知見である。

　親，きょうだい，近しい親戚を喪った8〜12歳の子ども197名と13〜18歳の青

年135名に対して精神症状を調査した研究がある。確認的因子分析によって，1〜3因子モデルを比較分析したところ，①遷延性悲嘆障害，②抑うつ，③PTSD症状は，死別反応に関わる1つの因子ではなく，異なる3つの因子としてモデル化できた。さらに3つの症状の合計得点は機能不全と関連し，3因子の併存的妥当性も証明された（Spuij, Reitz, Prinzie, Stikkelbroek, de Roos, & Boelen, 2012）。遺族となった子どもや青年の心理査定や治療においても，遷延性悲嘆障害，抑うつ，PTSDといった異なる精神症状を別個に取り扱う必要があることをこの知見は示している。

若年者にとって親の死は精神症状や機能不全の引き金となる。視床下部――下垂体――副腎皮質系の機能が不規則となった結果，遺族となった子どもに精神症状が惹き起こされている可能性を検討するため，親の死から5年が経過した子どもと親を喪っていない対照群の子ども合計181名が複数回にわたり調査された。社会的ストレス課題（Trier Social Stress Task）に取り組む前後で対象となった子どもは唾液中のコルチゾールを採取された。死別体験の有無ならびに子どもの精神症状は，どのようにコルチゾール反応に影響しているのかが分析された。基礎属性と子どもの抑うつ症状を統制すると，対照群の子どもに比較して遺族となった子どもでは，全般的にコルチゾール量が多く，急性の社会的ストレスに対するコルチゾール反応が欠落していた。遺族群をさらに分析すると，突然死ではあるが死因が病死・自然死であった場合，社会的ストレスへのコルチゾール反応は欠落していなかった。他方，親が自殺した子どもではコルチゾール反応が鈍くなっていた（Dietz, Stoyak, Melhem, Porta, Matthews, Walker Payne, & Brent, 2013）。親を喪った子どもは全般的にストレス過多な状態にあるにもかかわらず，社会的ストレスに直面した際，適切なストレス反応が出にくくなっていることをこの知見は明らかにしている。加えて，死別体験が心理学的水準だけでなく生理学的水準にまで影響することが示されたものと考えられる。

死別後に心理社会的支援を受けた8〜18歳の子どもと青年332名が，①PTSD，②喪失変数，③抑うつ，④遷延性悲嘆，⑤機能不全に係る自己報告を行った。機能不全に係る保護者からの評定データも収集された。確認的因子分析により，PTSDの症状構造に関する6つのモデルが比較された。最終的には，①再体験，②回避行動，③情緒的無感覚，④過覚醒を含む4因子モデルが支持された。対象となった子どものうち51.5%がDSM-IVのPTSD診断基準に合致した。PTSD

診断とPTSDの因子得点はどちらも年齢や性別と関連していたが，他の喪失変数とは関連していなかった（Boelen & Spuij, 2013）。Boelen et al.（2008）が成人遺族に実施した因子構造の分析を子どもと青年に拡張したものであり，死別後の子どもが示すPTSD症状を理解する上で有効な知見と考えられる。

　子どもの死後18年（平均3.4年）にわたり父母634名を追跡した調査がある。子どもを喪った遺族を支援する団体の会員が研究に参加した。研究参加者は，①PTSD（HTQ），②コーピング（CSQ），③知覚されたソーシャルサポート（CSS），④愛着（Revised Adult Attachment Scale）を測定する質問紙に回答記入した。PTSDの有病率は12.3％であった。出生前，出産期，出産後といった死別時期はPTSDの重篤さと関連していなかったが，妊娠期間の長さは多くの症状と関連していた。①死別後の期間，②女性であること，③愛着回避，④愛着不安，⑤情緒焦点型コーピング，⑥論理的コーピング，⑦失望の感覚，⑧ソーシャルサポートへの満足感によって，PTSDの重篤さを約42％説明できた（Christiansen, Elklit, & Olff, 2013）。子どもを喪うことが長期間にわたり親に心理的影響を与えること，愛着，コーピング，ソーシャルサポートが，PTSD症状の緩和および持続に重要であることがこの知見から明らかとなった。

　ヨーロッパで暮らす遺族325名を対象にPTSD症状の因子構造が調べられた。先行知見で示されてきた4因子に対する5因子モデルの優位性ならびに抑うつとの関連が分析された。PTSDをハーバードトラウマ質問紙（HTQ），抑うつをベック抑うつ質問紙によって査定した。結果として4因子よりも5因子モデルの適合度が高く，不快覚醒症状（dysphoric arousal）を組み込んだモデルで抑うつ症状は不快覚醒と情緒的無感覚とに関連していた（Armour, O'Connor, Elklit, & Elhai, 2013）。この研究では遺族に生じるPTSD症状がDSM-IVの3因子モデルでは説明できず，4因子モデルが妥当であると考えられてきた先行知見をさらに批判的に検討している。結果的に5因子モデルが支持されており，とりわけ抑うつとの関連では重要な示唆を与えていると考えられる。

　他殺による死別と精神症状との関連に科学的根拠があるのかを先行知見から体系的に調べた報告がある。関連のあった文献360のうち，8つの研究が事前に定義された基準に合致していた。①PTSD，②うつ病，③複雑性悲嘆，④物質乱用が測定されていた。他殺に関連したPTSDの生涯有病率は，研究によって19.1～71.0％までの幅があった。調査時点のPTSD発症率は5.2～6.0％であった。

他の死因に比較して他殺に関連した遺族では,時間経過に伴うPTSD症状の進行や症状の重さに関する結論が一貫していなかった（Denderen, Keijser, Kleen, & Boelen, 2015）。愛する家族を殺されるという体験は,遺族に甚大な心理的影響を与えると予測され,この知見が報告したように,生涯有病率の高いPTSD症状は"暴力死"がもたらす精神症状のなかでも支援の必要性が高いものと考えられる。

Murphy, S. A. らの研究

Murphy, S. A. を中心とした研究チームは,2年間の追跡調査で対象となった遺族261名のデータを"暴力死"の影響に係るさまざまな角度から分析して一連の知見を報告している。

追跡調査の対象は"暴力死"によって12〜28歳の子どもを亡くした遺族であった。Murphy（1997）では,臨床実践を目的として無作為化比較対照試験が行われた。死亡診断書に基づき2〜7ヶ月前に他殺,自殺,事故で子どもを喪った遺族が同定された。対象となった261名（母親171名,父親90名）の遺族は無作為に介入群と統制群に分類された。介入前の心理的苦悩と介入への反応性には性差があった。介入の有無にかかわらず,時間経過に伴ってゆっくりと心理的苦悩は減少していった。介入の有無や測定時期にかかわらず,父親に比較して母親では心理的苦悩が多く,PTSD症状も深刻であり,喪失体験を受け入れられず,身体的健康度も低く,夫婦関係に満足していない者が多かった。死別後2〜7ヶ月の調査開始時点で母親の85％が心理的苦悩を抱えており,5〜10ヶ月後の介入直後時点で81％,11〜16ヶ月後の介入半年時点で67％となっていた。他方,父親では,開始時点で63％,介入直後で71％,介入半年時点で69％が心理的苦悩を自覚していた。

Murphy, Braun, Tillery, Cain, Johnson, and Beaton（1999）ではPTSDの有病率が調べられている。医療記録に基づく分析の結果,両親の性別と子どもの死因はPTSD症状と関連していた。自殺や事故に比較して子どもを殺された父母はPTSD診断の合致率が2倍も多かった。"暴力死"の遺族におけるPTSD症状としては再体験症状が最も多かった。死別から2年経過後でも母親の21％と父親の14％にPTSD症状が持続していた。Murphy, Johnson, Lohan, and Tapper（2002）の報告によると,この調査の追跡過程で,個人,家族,地域など6つの情報源か

ら遺族261名の臨床像についてのデータを逐次収集したが，死別後1～5年の間に両親の状態が改善したと認められるデータは1つもなかった。子どもを喪った親にとって"暴力死"の影響は容易には消失しないことが明らかとなった。

　Murphy, Chung, and Johnson（2002）では，死別後，4, 12, 24, 60ヶ月時点でのデータが分析された。潜在成長曲線モデルにより，死別直後の心理的苦悩およびその経年変化に対する，①両親の性別，②自尊心，③対処方略，④ソーシャルサポート，⑤ネガティヴなストレス，⑥PTSD症状，⑦死別後早期の介入といった要因の影響が分析された。心理的苦悩の推移に対して，①両親の性別，②自尊心，③情緒的あるいは抑制的対処方略が影響していた。発症直後の重症度が心理的苦悩と関連していたが，5年後に測定されたPTSD症状との関連はなかった。すなわち，死別直後におけるPTSDの重さよりも，その後，遺族がどのように死別というトラウマに対処し，どのような支援を受けたのかが数年後のPTSD症状の緩和に資するものと考えられる。

　Murphy, Johnson, Wu, Fan, and Lohan（2003）では「特定の"暴力死"が他の死因よりも子どもを亡くした親の状態に影響するのか？」という問題が調べられた。①心理的苦悩，②PTSD，③子どもの死の受容，④夫婦関係への満足という4つの変数に対して，"暴力死"の3種別（他殺，自殺，事故）ならびに死別後の経過期間による影響の有無が分析された。子どもの死の受容に対しては死因と死別後期間の交互作用があり，とりわけ死別後の経過期間は4つの変数すべてに影響していた。PTSD症状に対しては他殺の影響が強かった。「子どもの死を受け止め，生活のなかに取り入れるまでに3～4年の時間がかかった」と約70％の遺族が報告しているものの，子どもを亡くした親がこの感覚に至るのに必要な時間は3つの死因間で違わなかった。

　Murphy, Tapper, Johnson, and Lohan（2003）では，"暴力死"で子どもを喪った親の自殺行動が分析されている。死別後4ヶ月時点で自殺企図のあった遺族は9％であったが，5年後には13％に微増していた。自殺企図の有無によって遺族を分類したところ，①心理的苦悩，②うつ病，③PTSDには有意な差があったものの，子どもの死の受容に関して差はなかった。「子どもが自殺した親に自殺企図が最も多いのではないか」という仮説は支持されなかった。回帰分析によると，死別から1年後のうつ病発症に対して自殺企図は有意な予測因であったが，5年後のうつ病とは関連していなかった。加えて死別から1年後のPTSD発症

と自殺企図に関連はなかった。

　Murphy, S. A. のチームによる一連の報告は，"暴力死"による被害者遺族とPTSD症状との関連を体系的に調べた研究として特筆に価する。①縦断的方法により継時データを扱っている点，②男女差を父母の別から分析している点，③子どもの死因による相違を調べている点で，この研究は体系的であり見出された知見の数々は被害者遺族の理解を深めるのに極めて有益な情報を提供している。

3章：問題意識と目的

　前章で先行知見を整理することにより，被害者遺族のPTSD研究では「何がどこまで明らかとなってきたのか」を概ね理解できた。さまざまな知見が蓄積されつつあり，特に2010年以降の研究テーマは多方面に拡がってきているが，過去30数年間の知見から，中核的な研究テーマとしては次の7つが読み取れる。

　① 死亡者との関係性
　② 死亡者の死因
　③ 死別自体の影響
　④ 遺族の感情表出
　⑤ 遺族への支援
　⑥ 診断のA基準
　⑦ 遺族の因子構造

　親が子を喪った場合と子の親が死亡した場合の違い，死亡したのが配偶者かきょうだいかの違いなど，形式的な続柄の相違にとどまらず，死亡者と生前どの程度親密な関わりがあったのか，①死亡者との関係性は遺族の心理反応・精神症状に影響する。本書における最大の関心でもあるが，②死亡者の死因が"暴力死"であったか病死・自然死であったかは，少なからず遺族の心理反応・精神症状に影響している。さらに"暴力死"のなかでも，他殺，自殺，事故の違いも検討されている。他方，死別が与える影響を死別以外の体験と比較している研究もあり，③死別自体の影響も調べられてきた。

　同様の死別を体験した遺族であっても全員が同じ精神症状を示すわけではない。遺族がどのように死別を受け止めているのか，④遺族の感情表出を扱った研究では心理反応・精神症状への影響だけでなく感情表出による症状の軽減効果も調べられている。ただし⑤遺族への支援で最も研究されているのはソーシャルサポートが心理反応・精神症状に及ぼす効果であり，心理治療や精神療法に特化した報

告はまだ少ない。

　被害者遺族は心理的に極めて外傷的な出来事である死別を体験しているが，PTSD の診断基準はすべて満たされていない場合もある。とりわけ⑥診断の A 基準にはトラウマに直接曝露されるという条件が記載されており，間接曝露の被害者遺族に PTSD が認められるのかという論争がある。診断基準に合致しなければ，PTSD 症状にも違いがあるかも知れないため，死別を体験した⑦遺族の因子構造も検証されている。ただし現時点では，診断の A 基準を満たさなくとも被害者遺族に PTSD が生じること，その症状構造も概ね通常の PTSD と類似していることが確かめられている。

　このように先行研究を整理すると，被害者遺族の PTSD 研究で取り扱われてきた研究テーマと現時点での到達点を概略は把握できる。ただし①本邦からの研究報告が少なく，知見は欧米圏を中心とした海外の研究に依存していること，② PTSD を下位症状ごとに分析した知見は少なく，生涯有病率など，疾患・障害の有無を調べた研究が大勢であることの 2 点が日本国の被害者遺族に対する臨床的支援を考える上では不十分である。

　したがってこの問題意識に基づき，①我が国独自のデータによって過去の知見を再現し，かつ，精緻化すること，② PTSD の下位症状に関する知見も併せて提供すること，以上 2 点が本書の目的となる。

Ⅱ部：研究知見

　Ⅰ部では"暴力死"による被害者遺族の現状と先行研究を整理するなかで本書の問題意識と目的を導出した。本書の目的である被害者遺族のPTSD症状に係る実証的な知見を提供するため，Ⅱ部では，調査対象である被害者遺族の基礎属性やPTSD症状の測定に係る質問紙の計量心理学的特性など（4章），実証研究の基盤となる方法論を確認した後，先行知見の追試と精緻化を目指して多様な分析が実施された（5章）。

4章:トラウマの測定

1節　調査対象遺族

1）調査手続

　1999年10月から2009年4月の間に死体検案書の再発行などの手続きのため,大阪市立大学大学院医学研究科法医学教室に来訪した被害者遺族474名に対して,個人情報保護などの説明を行った上でアンケートの記入を依頼した。最終的に327家族424名から研究協力の同意が得られた。性別などの基礎属性を記入後,PTSDリスクを測定するために作成した質問紙尺度への回答も求めた。すべての項目への回答記入後,アンケートをその場で回収した。調査終了までに得られた回答数の変遷を図4-1に示している。なお調査に用いたアンケートの詳細は補遺②に記載している。

2）対象遺族の基礎属性

　アンケートでは性別や年齢などの基礎属性に関する質問をいくつか設けていたものの,調査対象となった遺族全員がすべての項目に回答したわけではなかった。アンケート調査では質問項目への未記入は欠損値として処理される。欠損値に対しては大きく2種類の処理方法がある。1つは,欠損値データのある対象者を除外して分析する方法であり,もう1つは,欠損値のある回答だけを除外する方法である。前者の方法によると,回答に1つでも未記入があった調査対象者は除外されてしまうため全体のデータ数が大幅に減少する。後者の方法では,分析ごとにデータ数が異なるという解釈上の難しさは残るものの,調査対象者の回答を少しでも知見に活かすことができる。臨床の対象者に調査を実施する場合,アンケートの質問項目に対して欠損値が生じることは珍しくなく,むしろどのような

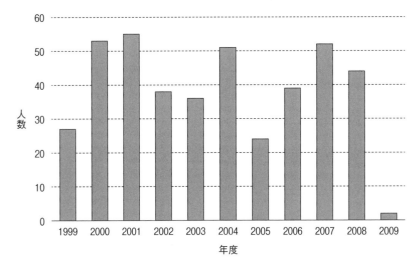

図4-1　調査実施期間におけるデータ取得数の推移

質問に対する回答で未記入となる傾向があるのかを調べることが，臨床的に有意義な知見となることさえある。本書の調査分析では後者の方法を選択し，未記入の回答数（換言すると，分析可能データ数）を分析ごとに記述することにした。

性別　遺族424名中，未記入は1名であり回答率は99.8％であった。女性236名（55.7％），男性187名（44.1％）であった。

年齢　遺族424名中，未記入は1名であり回答率は99.8％であった。年齢範囲は15〜87歳であり，平均年齢は45歳（$SD=14$），中央値は44歳であった。20代を20〜29歳というように年代ごとに区切った対象遺族の年齢分布を図4-2に示す。

職業　遺族424名中，未記入は3名であり回答率は99.3％であった。会社員129名（30.4％），公務員10名（2.4％），専業主婦97名（22.9％），自営業85名（20.0％），パート51名（12.0％），学生11名（2.6％），その他38名（9.0％）であった。「その他」には"家事手伝い"などの記入もあったが未記入の回答も多かった。判断が困難な「その他」を除き，会社員，公務員，自営業，パートを「有職」275名（64.9％），学生と専業主婦を「無職」108名（25.5％）に分類して分析に用いた。

続柄　遺族424名中，未記入は8名であり回答率は98.1％であった。アンケートでは自由記述方式で続柄を尋ねたため回答はさまざまであった。自由記述回答に基づいて，親74名（17.5％），子135名（31.8％），配偶者90名（21.2％），兄弟

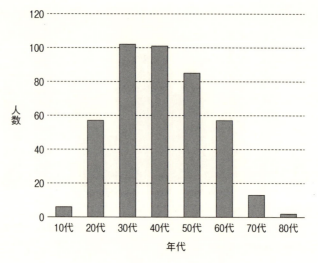

図4-2　調査対象遺族の年齢分布

姉妹79名（18.6％），他親族30名（7.1％），非親戚8名（1.9％）に分類した。性別情報を続柄と組み合わせることで識別可能となるため，父親や母親，息子や娘などの区分は採用しなかった。義理の父，婿養子などの法律上の関係は血縁と区別せずに上記の分類に当てはめた。「他親族」には，叔母，孫，祖父，従兄弟などさまざまな親類が含まれていた。「非親戚」には"同居人"や"社長"などが含まれていた。『大辞林』によると，遺族の定義は"死亡した者の家族・親族"であり（松村，1999　p. 134），家族の定義は"①夫婦とその血縁関係にある者を中心として構成される集団，②民法旧規定において，戸主の統率下にある家の構成員"とされている（松村，1999　p. 479）。親戚関係は必要条件ではなく，家の構成員であることが家族の定義として重要である。定義だけでなく，長い同居生活で家族同様に暮らしていた家の構成員であれば，親類関係にある遺族と同じような死別体験の影響が生じることも推測されるため，本書の目的に照らして「非親戚」8名も分析に含めた。

　現在の生活形態　遺族424名中，未記入は2名であり回答率は99.5％であった。現在一人暮らしである者は75名（17.7％），家族と暮らしている者は336名（79.2％），"その他"と回答した者は11名（2.6％）であった。この11名に関して"その他"の具体例を回答した者はおらず生活形態の内容は不明であった。

死亡者との同居　遺族424名中，未記入は11名であり回答率は97.4%であった。生前，死亡者と同居していた者は188名（44.3%），別に暮らしていた者は225名（53.1%）であった。

生前の接触頻度　死亡者と「別に暮らしていた」と回答した225名に対して生前の接触頻度を尋ねた。未記入は2名であり回答率は99.1%であった。"ほとんど毎日"と回答した者は26名（11.6%），"1週間に1～数回くらい"と回答した者は51名（22.7%），"1ヶ月に1回くらい"と回答した者は61名（27.1%），"1年に数回"と回答した者は45名（20.0%），"ほとんど会っていなかった"と回答した者は40名（17.8%）であった。なお同居していたと回答した者のうち17名に，この質問に対して"ほとんど毎日"との記載もあったが分析からは除外した。

3) 事故・事件関連質問

現場認知　遺族424名中，未記入は9名であり回答率は97.9%であった。事故あるいは事件の現場を知っていると答えた者は355名（83.7%）であり，知らないと答えた者は60名（14.2%）であった。

現場訪問　事故あるいは事件の現場を知っていると答えた355名に対して，実際にその現場に行ったことがあるかを尋ねた。未記入は11名であり回答率は96.9%であった。①事故または事件の際"その場にいあわせた"に回答した者は50名（14.1%），②"その場にはいあわせなかったが後に訪れた"と回答した者は227名（63.9%），③"いあわせず，その後も行ってないが普段から既知の場所であった"と答えた者は27名（7.6%），④"いあわせず，その後も訪れておらず，今後行く気もない"に回答した者は24名（6.8%），⑤"その他"に回答した者は16名（4.5%）であった。

死亡者との再会　次の5つの時点で死亡者と再会したか，あるいは一緒にいたかどうかを尋ねた。"事件あるいは事故時"に○をつけた者は72名（17.0%），"入院中"では68名（16.0%），"亡くなるとき"では73名（17.2%），"亡くなったあと"では249名（58.7%），"解剖後"では240名（56.6%）であった。なお重複を認めた回答形式であったため合計は100%を超えていた。

A1基準の合致　調査対象遺族424名中，先の現場訪問に係る質問に対して"その場にいあわせた"と回答したか，あるいは死亡者との再会質問に対して"事件

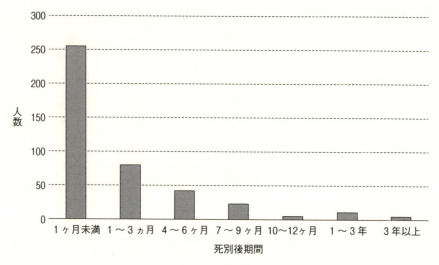

図4-3 死別から調査までの期間分布

あるいは事故時"に○をつけた者は88名（20.8％）であった。これらの遺族はDSM-IVにおけるPTSD診断のA1基準（直接的な体験，目撃，直面）を満たしていると判定し，以後の分析に用いた。

死別後期間 死亡者の死亡日（あるいは死亡推定日）から調査回答までの期間を算出した。死亡日が推定困難なため死別後期間が算出できなかった遺族は3名であり算出可能率は99.3％であった。死別後期間の範囲は1〜3,823日であり，平均期間は91日（$SD=294$），中央値は21日であった。調査対象遺族における死別後期間の分布を図4-3に示している。

なおDSM-IVによるPTSD診断には"症状が1ヶ月以上続くこと"というE基準が設けられており，同様の症状が1ヶ月以内に消褪する場合は急性ストレス障害（Acute Stress Disorder：ASD）と診断される。本書の対象遺族には，死別後期間が30日以内であった者が255名（60.1％），30日以上であった者が166名（39.2％）含まれていた。前者は症状が認められる場合でもPTSDなのかASDなのか判断できないが，後者に症状が認められた場合はASDではなくPTSDと判断できる。

2節　トラウマ症状尺度

1）トラウマ症状質問

質問項目と記述統計　調査対象遺族のPTSD症状を測定するために計20項目の質問を構成した。日本心身医学会近畿支部が阪神・淡路大震災の被災者調査に用いた質問項目を基にPTSDの診断項目を参照しながら改変した（岡本・中島・中島・高石・田中・磯野・加地・高野, 1998）。具体的には"災害"や"ショック体験"と表現されていた語句を"事故あるいは事件"に置き換えることで被害者遺族のトラウマに焦点化した質問項目へと改めた。

計20項目の質問に対して，"非常にあてはまる（5点）"，"すこしあてはまる（4点）"，"どちらとも言えない（3点）"，"ほとんどあてはまらない（2点）"，"まったくあてはまらない（1点）"の5件法により評定させて得点化した。質問紙尺度はDSM-IVに規定されたPTSDの3症状である，①再体験（5項目），②回避行動（6項目），③過覚醒（5項目）と④不適応症状（4項目）で構成された。再体験はDSM-IVのB基準，回避行動はC基準，過覚醒はD基準を反映しており，不適応症状はF基準の評価のために用いた。表4-1に質問項目と記述統計を示す。

日本語で利用可能なPTSDに関する心理尺度では，改訂出来事インパクト尺度（Asukai, Kato, Kawamura, Kim, Yamamoto, Kishimoto, Miyake, & Nishizono-Maher, 2002）が最も有名であり，計量心理学的特性にも秀でているが，本書の調査を開始した1999年には利用できなかったため質問紙尺度を独自に作成する必要があった。

尺度得点と信頼性　4つの症状尺度を構成する項目数が異なるため，各尺度における項目得点の合計をその項目数で除した平均値を算出して症状ごとの尺度得点とした。尺度得点を計算する際，その尺度を構成する質問項目すべてに回答があった場合にのみ平均値を算出し，1つでも未記入があれば算出しなかった。4つの尺度得点の平均値，標準偏差，95％信頼区間（Confidence Interval : CI），クロンバックのα係数を表4-2に示す。95％ CIとは，母集団において平均値の真値が95％含まれる範囲を表し，標準誤差の1.96倍を平均値から加減算することで得られる。クロンバックのα係数は尺度の信頼性に関する計量心理学的特性

表4-1　トラウマ症状尺度の質問項目と記述統計

略記	質問内容	未記入	回答率	M	SD
	再体験				
再①	事件あるいは事故以来，その出来事をいつのまにか，または考えないようにしているのに，考えてしまう。	7	98.3%	4.1	1.1
再②	事件あるいは事故場面の悪夢に悩まされる。	11	97.4%	2.6	1.3
再③	事件あるいは事故の中に突然自分が戻ったあるいはいるように感じたり，行動したりする。（たとえば，その情景，その時の音がありありと思い出されたり，その情景についての強い感情が押し寄せてくる。）	9	97.9%	2.8	1.4
再④	事件あるいは事故の時と似た状況に接すると，気持ちが非常に動揺する。（たとえば，怒る，涙がでる，混乱する，恐くなる，パニックになる。）	10	97.6%	3.1	1.4
再⑤	事件あるいは事故の時と似た状況に接すると，さまざまな身体反応が出る。（たとえば，手足が震える，汗が出る，吐き気がする，めまいがする。）	14	96.7%	2.5	1.4
	回避行動				
回①	事件あるいは事故，あるいはその人が亡くなられて以来，感情が鈍くなったように感じる。（たとえば，喜怒哀楽が少ない，優しさや愛情などの感情を感じにくい。）	9	97.9%	2.6	1.3
回②	事件あるいは事故，あるいはその人が亡くなられた事については，話さないように努め，その時の考えや感情を思い出したり表現することを避けている。	8	98.1%	2.9	1.3
回③	事件あるいは事故，あるいはその人が亡くなられて以来，自分が他の人に疎外されている，あるいは他の人から遊離しているように，または，他の人とは違う世界にいるように感じる。	7	98.3%	2.2	1.3
回④	事件あるいは事故，あるいはその人が亡くなられて以来，不幸な運命を予想するようになった。（たとえば，早死にするとか，生きがいが得られないだろうと思う。未来が短くなったように感じる。）	12	97.2%	2.6	1.4
回⑤	以前に楽しんでいたことへの関心を失った。（たとえば，スポーツ・趣味への関心を失った。）	7	98.3%	2.7	1.4
回⑥	事件あるいは事故，あるいはその人が亡くなられた時のことについて，ある部分が思い出せない。（たとえば，起こった年月日，巻き込まれた人々の名前。）	9	97.9%	1.9	1.1
	過覚醒				
過①	寝つきが悪かったり，眠りが断続的である。	11	97.4%	3.2	1.4
過②	特に理由もないのに，いらだちを感じて困る。または，始終緊張している。緊張感が怒りとなり物を壊したり，周囲の人に怒鳴り散らしたりする。	7	98.3%	2.3	1.2
過③	物事に集中するのが困難で，雑誌や本を読み通せず，一度に2，3ページしか読めない。また，会話や仕事に集中できず，すぐに気がそれてしまう。	8	98.1%	2.6	1.4
過④	過度に用心深くなっていて，自分や身内の安全を過度に心配する。	9	97.9%	3.3	1.4

過⑤	とても驚きやすくなっていて,大きな音や突然の音,事件や事故の体験と似た刺激(音,においなど)にぎくっとする。	12	97.2%	2.7	1.4
	不適応				
不①	事件あるいは事故,あるいはその人が亡くなられて以後の症状により,仕事が妨げられている。(たとえば,計画どおりに仕事が進まない,人とのコミュニケーションができず,能率よく働けない。)	8	98.1%	2.5	1.3
不②	交友関係や家族関係を保つことが困難になった。(たとえば,離婚や友人との不和を引き起こす。)	8	98.1%	1.9	1.1
不③	事件あるいは事故,あるいはその人が亡くなられて以後の症状により,身だしなみ,食生活など,日常生活に関する事柄に影響を受けた。	8	98.1%	2.6	1.3
不④	怒り,不安,うつ感情などのために家に閉じこもり,他人との接触を避けている。自殺や他人を害することを考えることがある	7	98.3%	1.9	1.2

表4-2　4つの尺度得点の記述統計と信頼性係数

	欠損値	算出率	M	SD	95% CI	α
再体験	23	94.6%	3.0	1.1	2.9〜3.1	.85
回避行動	17	96.0%	2.5	0.9	2.4〜2.6	.81
過覚醒	19	95.5%	2.8	1.0	2.7〜2.9	.82
不適応	10	97.6%	2.2	1.0	2.1〜2.3	.81

であり,その尺度を構成する複数の質問項目が同一の構成概念を測定している,言い換えると,一次元性あるいは内的整合性を備えている程度を表している。計量心理学的にはα係数が0.80以上の場合,その尺度を信頼できると判断するのが慣習である(Carmines & Zeller, 1979；水野・野嶋訳, 1983)。

この基準に照らすと,本書で独自に作成した質問紙尺度は,①再体験,②回避行動,③過覚醒,④不適応のいずれにおいても十分な信頼性を備えていると判断できた。

因子構造と妥当性　DSM-IVにおけるPTSD診断に際しては,再体験,回避行動,過覚醒という3つの症状が認められること,加えて不適応が生じていることが基準になる。すなわち,PTSDの因子構造としては3因子構造,あるいは不適応を含める場合,4因子構造が想定されている。この因子構造に関する仮説を検証するために構造方程式モデリング(Structural Equation Modeling：SEM)

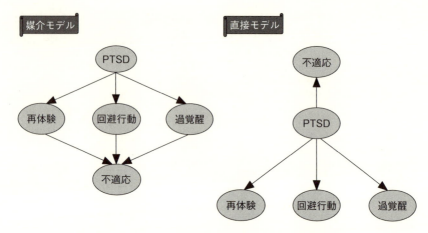

図4-4　PTSDと不適応の因果を示す2つの理論モデル

による分析を実施した。SEMでは，適合度指標が算出されるためモデル間の比較検証も可能となる。図4-4に2つの理論モデルを示す。

　媒介モデルでは，PTSDに罹患することにより，3つの症状が生じ，その症状ゆえに不適応が惹き起こされると考える。他方，直接モデルでは，PTSDの罹患は3つの中核症状を生じさせるが，その症状を媒介せずにPTSDの発症自体が不適応に直接影響すると考える。この2つのモデルが，対象遺族から得られたデータにどの程度適合するのかを比較した結果を表4-3に示す。

　上段の2つは絶対的評価の適合度指標であり，Comparative Fit Index（CFI）は0.95以上，Root Mean Square Error of Approximation（RMSEA）は0.06未満が適合している基準とされる。下段の2つは相対的評価の情報量規準であり，Akaike Information Criteria（AIC）もBrowne-Cudeck Criterion（BCC）も複数モデルを比較した際，より小さな値を示したモデルの適合度が優れていると判定する。媒介モデルも直接モデルも絶対的評価においては適合していたため，相対的評価のAICとBCCに基づき，本書では直接モデルを採用した。ただし情報量規準の差異は小さく，媒介モデルの妥当性を根底から否定するものではないため，あくまでも本書においては直接モデルを採択したという点に留意しておく必要がある。直接モデルは，中核症状である再体験，回避行動，過覚醒に加えて，不適応症状もPTSDによって惹き起こされていることを示している。本書の不適

表4-3　媒介モデルと直接モデルの適合度比較

適合度	媒介モデル	直接モデル
CFI	.952	.952
RMSEA	.055	.055
AIC	446.045	445.219
BCC	451.846	450.788

応項目では，職場適応，対人関係，生活習慣などが評価されており，PTSD患者が中核症状以外にも，イライラ感，衝動性，対人関係困難などを示すとの知見（Foa, Keane, & Friedman, 2000；飛鳥井・西園・石井訳, 2005）に鑑みると，直接モデルが支持された結果を了解しやすい。直接モデルに基づいて潜在因子と観測変数の関連を調べるためにSEMを実行した。図4-5にSEMの結果から得られたPTSDの構成概念妥当性を表すパス図を示す。

　各症状尺度に1つずつ観測変数同士の誤差相関が観られたものの，各症状を測定する質問項目は概ねその症状因子からの負荷によって説明可能であった。すなわち，再体験の質問項目は再体験症状を測定し，回避行動の質問項目は回避行動症状を測定するというように，予め意図された通りの測定ができていたことを示す結果であった。測定方程式を表す各症状因子から各々の質問項目への因子負荷量は0.45〜0.85と範囲も広かったが，構造方程式を表す二次因子であるPTSDから一次因子である各症状へのパス係数は非常に高く0.82〜0.99と範囲も狭かった。

　遺族におけるPTSDの因子構造を調べたBoelen et al.（2008）の研究では，再体験，回避行動，過覚醒の3症状に加えて，不快気分（dysphoria）の症状が分離され，4因子構造の妥当性が示されている。不快気分は，多幸感の対極に位置し，心理的苦悩，不安，心配を伴う気分である。幸せや安心を感じられなくなる感覚が中核症状の他に独立因子として抽出されていることから，遺族におけるPTSDは安心や安全といった基本的な肯定感を減じてしまう可能性も示唆される。不快気分を伴う4因子構造を超えてArmour et al.（2013）は，情緒的無感覚（emotional numbing）をさらに個別に想定した5因子構造が高齢者遺族には適合することを示した。因子構造に関する議論は終止符が打たれないままDSM-5の改訂がなされ，結果的には，中核3症状に加えて「否定的な感情と認知」を含

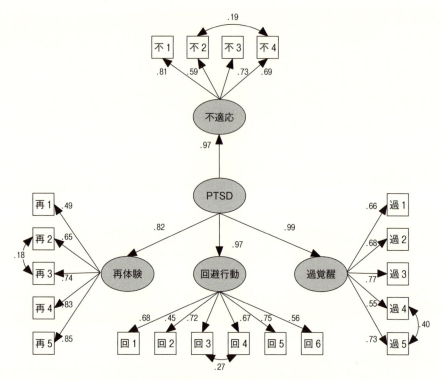

図4-5　PTSDの因子構造：パス係数はすべて有意（$p<0.01$）

めた4因子構造となった（APA, 2013；髙橋他訳, 2014）。しかし診断基準であるDSM-5の改定後にも5因子構造を支持する研究が報告されており（Gentes, Dennis, Kimbrel, Rissling, Beckham, Mid-Atlantic MIRECC Workgroup, & Calhoun, 2014），PTSDをいくつの中核症状によって記述すべきかについて臨床家ならびに研究者の間で合意があるわけではない。不適応を含めた4因子モデルが被害者遺族のPTSDを記述する際に最も妥当であるのか，検証の余地は残されているが，質問紙作成当時のDSM-Ⅳにおける診断基準に照らして，本書の質問紙尺度における因子構造は一定程度妥当なものであると判断された。

PTSDリスク判定　PTSD症状尺度の信頼性と妥当性を検証してきたが，クロンバックのα係数に基づく信頼性は十分であり，因子構造に基づく構成概念妥当性も確認された。したがって本書で用いたPTSD症状尺度は，精神科医による

PTSD診断とある程度の関連を示すものと推定される。そこでDSM-IVの診断基準に沿って，調査対象遺族をPTSD高リスク群とPTSD低リスク群に分類した。再体験尺度の5項目から1つ以上，回避行動尺度の6項目から3つ以上，過覚醒尺度の5項目から2つ以上，"非常にあてはまる（5点）"か"すこしあてはまる（4点）"に評定していた場合，PTSD高リスクと判定した。未記入による欠損値がある場合，5点あるいは4点への回答がないからといって，その症状が"無い"のか，あるいは単に未記入であるのかは判定不可能であるが，5点あるいは4点への回答があれば，その症状が"有る"と判断できる。それゆえ各尺度項目への未記入がいくつかあっても，PTSD高リスクと判定できる場合はPTSD高リスク群へ分類した。

　遺族424名中，判定不可能が32名あり，判定可能率は92.5％であった。PTSD高リスク群は98名（23.1％），PTSD低リスク群は294名（69.3％）であった。一般人口中に占めるPTSDの有病率を調べた海外の疫学調査がいくつかある。DSM-IIIの診断基準を用いた調査で一般人2,493名を調べたところ，約1.0％にPTSDの既往が認められた（Helzer, Robins, & McEvoy, 1987）。同じく一般人2,985名を調べた研究では生涯有病率は1.3％と報告されている（Davidson, Hughes, Blazer, & George, 1991）。DSM-III-Rの診断基準を用いて一般女性4,008名に電話で調査した結果では12.3％の生涯有病率であった（Resnick, Kilpatrick, Dansky, Saunders, & Best, 1993）。同様に一般人5,877名を調査した研究での生涯有病率は7.8％と報告されている（Kessler, Sonnega, Bromet, Hughes, & Nelson, 1995）。DSM-IVの診断基準を用いて，一般人2,181名に電話で調査した結果によると生涯有病率は8.3％であった（Breslau, Kessler, Chilcoat, Schultz, Davis, & Andreski, 1998）。これらの知見から，一般人口中に占めるPTSDの有病率は数％〜十数％にとどまっており，本書が対象とした被害者遺族のPTSDリスクの高さが窺える。

　しかし被害者遺族を対象としてもPTSDの診断基準に合致して高リスクと判定されたのは20％強であり，大半の被害者遺族はPTSDの診断基準を満たしていなかった。たとえば戦争経験者のPTSDに係る知見を整理したRichardson, Frueh, and Acierno（2010）によると，ベトナム戦争以降の軍人におけるPTSD有病率は2〜17％であり，近年のイラク紛争では4〜17％であった。犯罪被害関連のPTSD研究を整理したKilpatrick and Acierno（2003）によると，強姦被害者で

表4-4 死亡者の死因の種類

			人数	%
病死及び自然死			58	13.7
外因死	不慮の外因死	交通事故	93	21.9
		転倒・転落	23	5.4
		溺水	6	1.4
		煙,火災及び火焔による傷害	34	8.0
		窒息	5	1.2
		中毒	10	2.4
		その他	28	6.6
	その他及び不詳	自殺	51	12.0
		他殺	49	11.6
		その他及び不詳の外因	62	14.6
不詳の死			5	1.2

は32.0％，暴力被害者では38.5％，強姦以外の性被害者では30.8％の生涯有病率であり，直接的な犯罪被害がもたらすPTSDリスクは高かった。間接的な被害であっても，家族や友人を殺された女性では22.1％が生涯に1度はPTSDに罹患するとの報告であり，犯罪被害がもたらす心理的影響の大きさが読み取れる。本書の対象遺族におけるPTSD診断の高リスク判定割合は，こうした海外の先行研究と概ね合致しており，①サンプリングの妥当性，②日本における知見の再現性を示している。

2）死因分類

　厚生労働省の平成26年度版『死亡診断書（死体検案書）記入マニュアル』に基づき（厚生労働省大臣官房統計情報部・厚生労働省医政局，2014），法医学教室での司法解剖による診断結果に従って死亡者の死因の種類を分類した。表4-4に死亡者の死因の種類を示す。

　死因の種類の判定は，「病死及び自然死」か「外因死」かを区別し，いずれとも判断しがたい場合を「不詳の死」とする。外因死のなかでは，「事故」，「自殺」，「他殺」を判定するが，外因死であることは明らかなものの，いずれの分類かを判断しがたい場合「その他及び不詳の外因」と判定する。そのため本書の分析で

は，「病死・自然死」群の58名，「不慮の外因死」すべてを合計した「事故」199名，自殺51名，他殺49名に加えて，「その他及び不詳の外因」62名を合わせた"暴力死"群の361名，および「不詳の死」の5名に分類した。

5章:被害者遺族のトラウマ症状

本章では被害者遺族のトラウマ症状についてさまざまな観点から分析した。初めに2変量解析によってPTSDと各変数との関連を調べた。続いて多変量解析によって他の変数を統制しながらPTSDに影響する変数を導き出した。次に"暴力死"について、他殺、自殺、事故による死因の影響を仔細に分析した。さらに補足的な分析によって被害者遺族のトラウマ症状に迫った。最後に「解剖後」の遺体との再会について詳細な分析を加えた。

1節　2変量解析

他の変数の影響を考慮せずに被害者遺族のトラウマと各変数の関連を分析した。2変量解析では以下の3つの分析を実施した。①PTSD診断、すなわちPTSD症状の有無との関連を調べるために、判定されたPTSDリスク（高／低）と各変数を分析した。②症状の重篤さ、すなわちPTSD症状の有無ではなく、その程度・深刻さと各変数との関連を分析した。③観測変数にとどまらず、潜在因子を導入することでPTSD因子平均の差異と各変数との関連を分析した。①の分析では診断基準に基づいて、再体験、回避行動、過覚醒の3症状が関連しており、②の分析ではこれらに不適応を加えた上で各症状が個別に分析され、③の分析では因子モデルに基づいて、4つの症状を総合した因子自体を分析した。4つの症状得点の背後にPTSD因子を想定したモデルを構築し、分析する変数で群を分割し、群間で因子平均を等値としたモデルと異値としたモデルを比較した。等値モデルよりも異値モデルの適合度が高い場合、分析変数で分割された群間で、因子平均は異ならないと考えるよりも異なると考える方が妥当と判断できる。

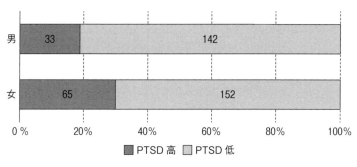

図 5-1-1　性別と PTSD 診断の関連

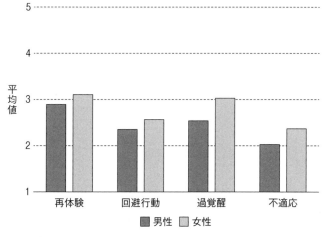

図 5-1-2　性別と PTSD 症状との関連

1）性別

PTSD 診断　分析可能データ数は392であった。図5-1-1に示すように PTSD 診断と性別には有意な関連があり（$x^2[1]=6.4, p=0.01$），男性に比較して女性で PTSD 高リスクと判定された者が多かった。ただし割合としては，男性の約20％に対して女性でも約30％であり，およそ1.5倍の比率差であった。

PTSD 症状　分析可能データ数は，再体験で400，回避行動で407，過覚醒で405，不適応で414であった。図5-1-2に示すように，再体験（$t[398]=2.0, p=0.047$），回避行動（Welch $t[404.8]=2.4, p=0.018$），過覚醒（$t[403]=4.8, p$

表 5-1-1 性別ごとの PTSD 因子モデルの比較

	等値モデル	異値モデル
CFI	.974	.987
RMSEA	.075	.056
AIC	70.796	71.638
BCC	59.185	57.386

< 0.001),不適応(Welch $t[412.0] = 3.6$, $p < 0.001$)の4症状すべてに有意な性差があり,いずれも男性に比較して女性の症状得点が高かった。ただし平均得点は高くても3点程度であり,症状が「ある」と積極的に認める4点近くに達してはいなかった。男女ともに,再体験,過覚醒,回避行動,不適応の順に平均値が高かった。

PTSD 因子 分析可能データ数は423であった。因子平均のモデルを比較した結果を表5-1-1に示している。適合度指標と情報量規準を総合すると,異値モデルの方がデータを説明できており($x^2[1] = 13.6$, $p < 0.001$),男性に比較して女性でPTSDの因子平均が高かった($M = 0.31$, $SE = 0.08$, $p < 0.001$)。

性別に関しては3つの分析すべてにおいて,男性に比較して女性で,PTSD診断に合致しやすく,症状が重く,潜在因子の平均も高かった。すなわち,再体験,回避行動,過覚醒に加えて不適応症状を総合しても,女性の方がPTSDに対して脆弱性を抱えていることが読み取れる結果であった。PTSDの性差を調べた研究は多く,いくつかの総説論文も報告されている。対象者1,007名への追跡調査を実施したBreslau, Davis, Andreski, Peterson, and Schultz(1997)によると,トラウマ的な出来事に曝される確率ならびに生涯で体験するトラウマの数に性差はなかった。以前に罹患していた不安障害やうつ病の既往によってPTSD発症における性差の一部が説明可能であった。さらに子ども時代にトラウマ的な出来事を体験していると,PTSDの性差が大きくなっていた。デトロイトで行われたBreslau, Chilcoat, Kessler, Peterson, and Lucia(1999)の電話調査には2,181名が参加しており,女性は男性に比較してトラウマ的な出来事に遭遇する確率および生涯体験数が少ないにもかかわらず,PTSDの発症率は2倍であった。ただし詳細に分析すると,暴力被害で生じるPTSDに大きな性差があり,結果的にPTSDの全体的な性差に繋がっていた。とりわけ回避行動と無感覚症状に関する性差が

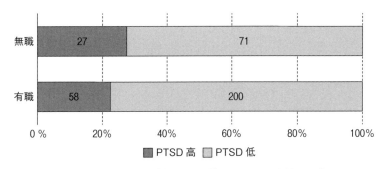

図 5-1-3　職業（有職／無職）と PTSD 診断の関連

他の症状よりも顕著であった．先行する25年間の研究知見を整理した Tolin and Foa（2006）のメタ分析によると，男性に対する女性のトラウマ曝露体験はオッズ比にして0.77で有意に少なかったにもかかわらず，PTSD 罹患率はオッズ比にして1.98と高かった．内訳を分析すると，成人後の性被害体験で5.99，子ども時代の性被害体験で2.66というオッズ比であり，女性が男性よりも PTSD 罹患率が高いとする報告の背景には性被害に係るトラウマ体験の影響が強く作用していると考えられる．本書で分析した被害者遺族においても，男性に比較して女性で PTSD への脆弱性が認められ，性差に関する知見は再現性の高い確立されたものであるといえる．

2）職業

PTSD 診断　分析可能データ数は356であった．図 5-1-3 に示すように PTSD 診断と職業（有職／無職）に有意な関連はなかった（$x^2[1]=1.0$, $p=0.32$）．無職者も有職者も20～30％の診断合致率であった．

PTSD 症状　分析可能データ数は，再体験で364，回避行動で369，過覚醒で369，不適応で376であった．図 5-1-4 に示すように，再体験（$t[362]=0.7$, $p=0.51$），回避行動（Welch $t[152.1]=0.3$, $p=0.74$），過覚醒（$t[367]=1.5$, $p=0.15$），不適応（$t[374]=0.2$, $p=0.85$）の 4 症状すべてに有意差はなかった．無職者も有職者も平均得点としては高くて 3 点程度であり，症状を積極的に認める 4 点に達してはいなかった．無職者も有職者もともに，再体験，過覚醒，回避行動，不適応の順に平均値が高かった．

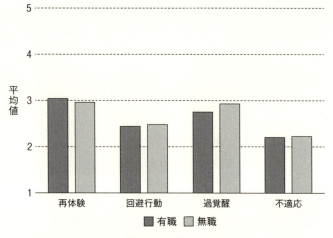

図5-1-4 職業(有職/無職)とPTSD症状との関連

表5-1-2 職業(有職/無職)ごとのPTSD因子モデルの比較

	等値モデル	異値モデル
CFI	.988	.987
RMSEA	.054	.058
AIC	57.135	58.975
BCC	58.329	60.240

PTSD因子 分析可能データ数は383であった。因子平均のモデルを比較した結果を表5-1-2に示す。適合度指標と情報量規準を総合すると,モデル間に差異はなかった($x^2[1]=0.16$, $p=0.69$)。

職業に関しては3つの分析すべてにおいて,有職者と無職者のPTSDに差異はなかった。9.11テロの事件後半年時点で調査された1,939名をさらにその半年後にも調査したNandi, Galea, Tracy, Ahern, Resnick, Gershon, and Vlahov(2004)の報告によると,事件直後の失職は,テロ事件後の半年～1年にかけてPTSD症状が持続することに対して影響していなかったが,この期間中に失職した場合はPTSDリスクが高まっていた。PTSD症状を緩和させていく過程で,仕事に従事していることが何らかの効果を持つのかも知れない。たとえば無為に過ごす時間がトラウマ記憶を不必要に思い出させることを防ぎ,何かの作業に従事することで自己効力感を知覚することが,トラウマ体験前の自分自身を取り戻すのに

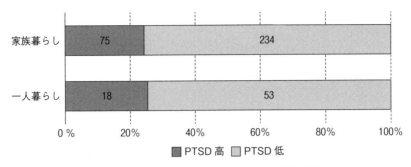

図 5-1-5　現在の生活形態と PTSD 診断の関連

寄与するのかも知れない。裏を返せば，職を失うことにより，自己の内面に向き合う時間が増えてしまい，トラウマ記憶に囚われた認知が心理反応・精神症状を悪化させる可能性も考えられる。あるいは失職したことにより，経済的な生活の不安が頭をもたげてくるため，トラウマに係る不安感を賦活して PTSD 症状を悪化させてしまうことも考えられる。逆に，重い PTSD 症状のために社会生活が崩れて職を失ってしまう危険性もある。ベトナム戦争に従軍した軍人を調査した Smith, Schnurr, and Rosenheck（2005）によると，PTSD 症状が重い者ほど，常勤職に就いている者が少なかった。

　ただし本書で対象となった被害者遺族においては，PTSD に対する脆弱性に関して有職者と無職者の間に差はなかった。被害者遺族という臨床群の特性によるものか，日本人という文化的背景が影響した結果なのか，この結果だけから結論は導出できないものの，欧米圏での先行研究とは異なる知見が得られたことは，今後の研究課題を設定する意味で興味深いものと考えられる。

3）現在の生活形態

　PTSD 診断　"その他"と回答していた11名の詳細が不明であったことから，現在"一人で暮らしている"あるいは"家族と暮らしている"と回答した遺族だけを分析対象とした。分析可能データ数は380であった。図5-1-5に示すように PTSD 診断と現在の生活形態には有意な関連がなかった（$x^2[1]=0.04, p=0.85$）。一人で暮らしている遺族も家族と暮らしている遺族もともに20％強の者に PTSD リスクが認められた。

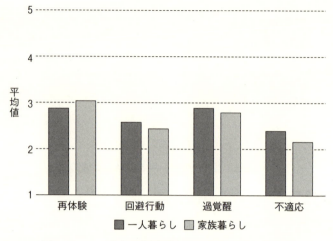

図5-1-6 現在の生活形態とPTSD症状との関連

PTSD症状 分析可能データ数は，再体験で388，回避行動で395，過覚醒で393，不適応で402であった．図5-1-6に示すように，再体験（$t[386]=1.2$, $p=0.24$），回避行動（$t[393]=1.2$, $p=0.24$），過覚醒（$t[391]=0.7$, $p=0.48$），不適応（$t[400]=1.9$, $p=0.06$）の4症状すべてに有意差はなかった．平均得点は高くても3点程度であり，症状を「ある」と積極的に認める4点に達してはいなかった．家族と暮らしている者では，再体験，過覚醒，回避行動，不適応の順に平均値が高く，一人で暮らしている者では，過覚醒，再体験，回避行動，不適応の順であった．

PTSD因子 分析可能データ数は411であった．因子平均のモデルを比較した結果を表5-1-3に示している．適合度指標と情報量規準を総合すると，モデル間に差異はなかった（$x^2[1]=1.01$, $p=0.32$）．

現在の生活形態に関しては3つの分析すべてにおいて，一人暮らしの者と家族と暮らしている者のPTSDに差異はなかった．直結しているわけではないものの，家族と暮らしている場合，一人で暮らしているよりは家族からの支援が入手しやすい状況にあると考えられる．家族からの支援が子どものPTSD症状に影響するのかを調べたOverstreet, Dempsey, Graham, and Moely（1999）の研究によると，一緒に暮らしている家族の数は，子どもの抑うつ症状を緩和するもののPTSD症状に関する低減効果はなかった．家族の数といった量的側面ではなく，

表 5-1-3　現在の生活形態ごとの PTSD 因子モデルの比較

	等値モデル	異値モデル
CFI	.987	.987
RMSEA	.055	.057
AIC	58.460	59.455
BCC	60.073	61.163

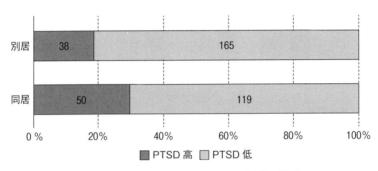

図 5-1-7　生前の同居と PTSD 診断の関連

家族機能の質的側面が PTSD 症状と関連するとの報告があり（Kazak, Barakat, Meeske, Christakis, Meadows, Casey, Penati, & Stuber, 1997），たとえばポーランドでの自然災害後に実施された Bokszczanin（2008）の調査によると，災害後に保護者から過保護なケアを長期間受け続けることは，むしろ青年期に至って精神的健康を阻害し，トラウマからの回復を遅らせていた。

しかし本書では，家族と「一緒に暮らしているか」のみを尋ねており，家族機能の質的側面については追究できていない。一人で暮らしている遺族と家族で暮らしている遺族において，PTSD への脆弱性に差異が検出されなかったのは，この点で方法論的な限界があったからかも知れない。

4）生前の同居

PTSD 診断　分析可能データ数は372であった。図 5-1-7 に示すように PTSD 診断と生前の同居／別居との間には有意な関連があり（$x^2[1]=6.0, p=0.01$），別居していた遺族に比較して，同居していた遺族に PTSD 高リスクと判定され

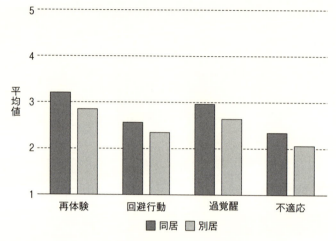

図5-1-8 生前の同居とPTSD症状との関連

る者が多かった。同居していた場合は30%弱の遺族が高リスクと判定されたが，別居していた場合は20%を下回っていた。

PTSD症状 分析可能データ数は，再体験で381，回避行動で387，過覚醒で383，不適応で391であった。図5-1-8に示すように，再体験（$t[379]=3.3$, $p=0.001$），回避行動（$t[385]=2.3$, $p=0.02$），過覚醒（$t[381]=3.1$, $p=0.002$），不適応（Welch $t[350.4]=2.9$, $p=0.01$）の4症状すべてに有意差があり，いずれも別居していた遺族に比較して，同居していた遺族の症状得点が高かった。ただし平均得点は高くても3点程度であり，症状を「ある」と積極的に認める4点に達してはいなかった。生前に同居していた者も別居していた者もともに，再体験，過覚醒，回避行動，不適応の順に平均値が高かった。

PTSD因子 分析可能データ数は413であった。因子平均のモデルを比較した結果を表5-1-4に示している。適合度指標と情報量規準を総合すると，異値モデルの方がデータを説明できており（$x^2[1]=11.5$, $p=0.001$），別居していた遺族に比較して同居していた遺族の因子平均は高かった（$M=0.29$, $SE=0.09$, $p<0.001$）。

生前の同居に関しては3つの分析すべてにおいて，別居していた遺族よりも同居していた遺族の方で，PTSD診断に合致し，症状は重く，因子平均も高かった。

なお別居していた遺族には，生前の死亡者と会っていた頻度を尋ねているため，

表 5-1-4　生前の同居／別居ごとの PTSD 因子モデルの比較

	等値モデル	異値モデル
CFI	.979	.990
RMSEA	.067	.049
AIC	65.196	55.709
BCC	66.053	56.616

頻度の違いが遺族の PTSD に影響するのかを分析した。PTSD 診断に係る分析可能データ数は207であった。会っていた頻度と PTSD リスク間に有意な関連はなかった（$x^2[4]=5.0$, $p=0.28$）。会っていた頻度は順序変数であるため，PTSD 高／低リスク間における順位和の差も検定してみたが有意差はなかった（$U=2596.0$, $p=0.06$）。続いて各症状に対して会っていた頻度との順位相関を調べた。分析可能データ数は，再体験で211，回避行動で215，過覚醒で211，不適応で217であった。Spearman の順位相関係数は，回避行動でこそ有意とならなかったものの（$rs=-0.10$, $p=0.16$），再体験（$rs=-0.20$, $p=0.004$），過覚醒（$rs=-0.24$, $p<0.001$），不適応（$rs=-0.16$, $p=0.02$）で有意となり，別居していた遺族においても，生前に会っていた頻度が多いほど PTSD 症状が重くなっていた。

　回避行動は PTSD 研究の初期から着目されてきた症状であるが（McFarlane, 1992），近年の理論研究では概念の精緻化も試みられている（Asmundson, Stapleton, & Taylor, 2004）。Burnell and Burnell（1989）は，悲嘆反応が示す4つの主要な症状の1つとして，行動的症状，とりわけ回避行動を想定している。再体験や過覚醒症状に比較して，回避行動が認められる場合，PTSD が重篤になるとの報告（McMillen, North, & Smith, 2000）や，DHEA（Dehydroepiandrosterone）という男性ホルモンとの関連（Rasmusson, Vasek, Lipschitz, Vojvoda, Mustone, Shi, Gudmundsen, Morgan, Wolfe, & Charney, 2004）あるいは右前帯状皮質との関連（Hopper, Frewen, van der Kolk, & Lanius, 2007）など，生理的基盤に係る知見も報告されている。さらに近年に至っては診断上の定義とは独立して，認知的対処法略としての「回避」というコーピング手段が PTSD 症状に与える影響も調べられ始めている（Boeschen, Koss, Figueredo, & Coan, 2001；Dempsey, Overstreet, & Moely, 2000；Ullman, Townsend, Filipas, & Starzynski, 2007）。た

とえば Tull, Gratz, Salters, and Roemer（2004）の調査によると，回避的な行動コーピングはPTSD自体よりも，抑うつ，不安，身体愁訴といった精神症状全般との関連が強く，一方，トラウマに関することを意識的に考えないようにする思考抑制のコーピングは，全般的な精神症状ではなくPTSD自体との関連が強かった。すなわちトラウマ関連刺激を，行動レベルで回避することと認知レベルで回避しようと試みることは，PTSD症状の重篤さに異なった影響を持つ可能性が考えられる。特に認知的な回避は意識的に行われる場合，トラウマの反芻が生じ，逆に固執して囚われてしまい症状を悪化させることも考えられる。

　総じて本書の結果から，生前の死亡者と一緒に暮らしていたことは，被害者遺族のPTSDに対する脆弱性を強める，裏を返せば，心理的に強い衝撃を受けやすくすると考えられる。同居していたということは，質的な関係性を等閑視すれば，死亡者のいる生活が遺族にとって当たり前の日常であったことを意味する。つまり，死別は遺された者に生活上の変化として常に知覚されるのである。他方，別居していた遺族においては，元々日々の暮らしのなかに死亡者の存在は薄く，知識あるいは認識として身内の死を引き受けなければならないものの，生活のなかで知覚し続けることはあまりない。同居と別居の遺族においてPTSDへの脆弱性が異なっていた背景には，生活のなかで死亡者の存在がどの程度当たり前のものであり，逆に言うと，死別によってもたらされた生活の変化度合いが影響していることは想像に難くない。その証拠に別居していた遺族においてさえ，死亡者と生前に会っていた回数が多いほど，回避行動を除いて各症状が重くなる傾向にあった。頻繁に会っていればいるほど，死亡者の存在は日常的になり，その喪失は遺された者にとって強く知覚される。ただし回避行動への影響が薄く，PTSD診断との有意な関連には至らなかったため，同居していた場合に比較すれば，たとえ頻繁に会っていたとしても，別居していた事実が死別による衝撃を緩和していると考えることもできる。

5）年齢

　PTSD診断　分析可能データ数は392であった。年齢が量的変数であるため，PTSD高／低リスク間で年齢差を検定したところ（図5-1-9），有意な関連は見出されなかった（$t[390]=0.9$, $p=0.37$）。PTSD高リスク群の平均年齢は45

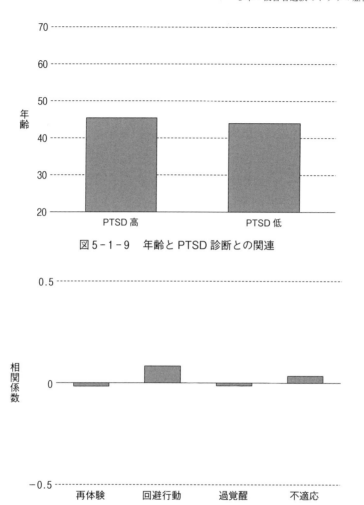

図 5-1-9　年齢と PTSD 診断との関連

図 5-1-10　年齢と PTSD 症状との関連

歳（$SD=14$），低リスク群は44歳（$SD=14$）であった。

PTSD 症状　年齢が量的変数であるため各症状との関連を相関係数により分析した。分析可能データ数は，再体験で401，回避行動で407，過覚醒で405，不適応で414であった。図 5-1-10に示すように，相関係数はすべて |0.1| 未満であり，年齢はいずれの症状とも関連していなかった。

なお年齢が量的変数であるため PTSD 因子との関連は分析しなかった。本書

の対象となった遺族に年齢の影響はなかったものの，先行研究では年齢とPTSDの関連が調べられている。ダムの崩壊を体験した2～15歳の子ども179名を被災して2年後に調査したところ，最も若い年齢層ではほとんどPTSDが認められなかった（Green, Korol, Grace, Vary, Leonard, Gleser, & Smitson-Cohen, 1991）。アメリカ，メキシコ，ポーランドの3つの国で起きた3つの災害において，年齢（18～88歳）とPTSDの関係性を調べたNorris, Kaniasty, Conrad, Inman, and Murphy（2002）の研究では，①中年層で最もPTSD症状を呈する曲線的な関係性のアメリカ人，②若年層が最もPTSD症状の重い負の線形関係を有するメキシコ人，逆に③高齢層で最もPTSD症状が重篤な正の線形関係のポーランド人，というように社会・文化・歴史的背景の違いにより，年齢の効果は異なっていた。しかしポーランドで起きた洪水の影響を学生533名（11～21歳）に限定して調査した報告では，年齢が若いほどPTSDが深刻であるという逆の関係性も報告されている（Bokszczanin, 2007）。このように知見は拡散しており，PTSDと年齢の関連はまだ明らかになっていない。

　ただし年齢に関する知見では，対象者の年齢自体よりも，トラウマに曝露されたのがいつだったのかという観点からの調査研究も多い。たとえばトラウマの体験が13歳以降の者に比較すると，12歳以前の者ではPTSDリスクが高かったり（Maercker, Michael, Fehm, Becker, & Margraf, 2004），性的虐待に特化すると，被害が12歳以前の者よりも13歳以降の者でPTSDは重篤化していたが，抑うつ感は逆の関係となっていた（Schoedl, Costa, Mari, Mello, Tyrka, Carpenter, & Price, 2010）。このように年齢に関する先行研究は未だ確立された知見に至っておらず，PTSDに対する脆弱性にどのように作用するのかは明らかでない。本書の被害者遺族における年齢要因はPTSDに対する脆弱性にいかなる関連も示さなかった。なお未成年である10代や高齢の60代以上など，量的変数を質的に区切る方法は基本的に情報の損失に繋がり，線形性が仮定される変数に関しては推奨されず，仮に有意な関連が得られたとしても，一般化可能性が低くなる場合が多いため本書の分析では採用しなかった。

6）続柄

　PTSD診断　分析可能データ数は385であった。図5-1-11に示すようにPTSD

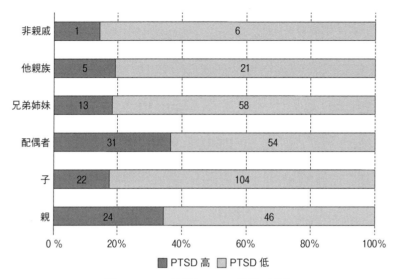

図5-1-11 続柄とPTSD診断の関連

診断と続柄には有意な関連があり（$x^2[5]=15.6$, $p=0.008$），続柄が配偶者や親の場合にPTSD高リスクと判定される者が多かった。配偶者ならびに親の場合，PTSD高リスク群が約35％と判定されたが，子，兄弟姉妹，他親族，非親戚では20％を下回っていた。

PTSD症状　分析可能データ数は，再体験で395，回避行動で401，過覚醒で398，不適応で406であった。図5-1-12に示すように，再体験を除いた（$F[5, 389]=1.9$, $p=0.10$），回避行動（$F[5, 395]=4.4$, $p=0.001$），過覚醒（$F[5, 392]=5.9$, $p<0.001$），不適応（$F[5, 400]=6.1$, $p<0.001$）の3症状に有意差があった。回避行動では，親と子ならびに配偶者と子の間，過覚醒では，その2つに加えて配偶者と兄弟姉妹の間，不適応では，さらにその3つに加えて親と兄弟姉妹の間に有意差があった。ただしいずれの症状得点も平均値は高くて3点であり，積極的に症状の存在を認める4点には達していなかった。

なお続柄は6分類であるためデータ数の限界からPTSD因子との関連は調べなかった。有意差のあった対に少々の違いは認められるものの，概ね，親ならびに配偶者という続柄は子あるいは兄弟姉妹に比較してPTSDに対する脆弱性が高かった。他親族や非親戚を含む対が有意とならなかったのは，データ数の少な

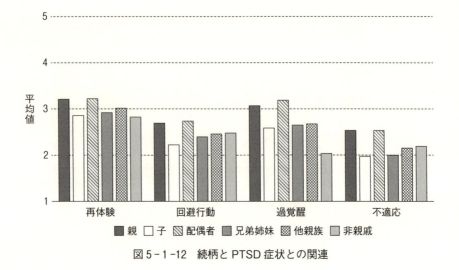

図5-1-12 続柄とPTSD症状との関連

さによる検定力の問題と考えられる。PTSDと続柄の関連に関しては，いくつかの先行研究が報告されている。

既述したMurphy, S. A.を筆頭者とする研究論文の数々は，子どもを"暴力死"によって喪った親の心理反応・精神症状を調査している。子どもの死が遺された親に及ぼす影響は計り知れず，PTSD，抑うつ感，自殺企図など，さまざまな心理反応・精神症状を惹き起こし，重篤化させていた。社会通念上，家族における死の順番は年長者から年少者へと考えられている。子が親より先に死ぬことは，この順番を覆す事態であり，それだけに親が受ける衝撃は大きい。しかしすべての先行研究で，子どもの喪失により親にPTSDが生じることが示されているわけではない。たとえば移民となったカンボジア人161名に調査を行ったCaspi, Poole, Mollica, and Frankel（1998）の研究では，対象者のなかに子どもを喪った親が70名いたものの，PTSD症状と喪失体験の間に統計的な関連性はなかった。すなわち，親が子を喪うという覆された順番の影響だけではPTSDの発症は説明できないのである。続柄としての親という要因に，子どもの死因，親のさまざまな属性・状況，そして親子の関係性などが複雑に関連していると考えられる。ただし本書の対象遺族においては，親が子を亡くした場合，PTSDに対する脆弱性が認められており，日本人という文化的背景が影響している可能性もある。

本書の分析では夫婦間における死別も続柄の要因として強かった。配偶者との

死別を体験した遺族85名を調査したSilverman, Johnson, and Prigerson (2001) によると、子ども時代に親と死別したことは現時点でのPTSDとの間に直接的な関連はなかったものの、親になってから子どもを喪失した体験は配偶者との死別後に生じるPTSDと強く関連していた。この知見は、自らが形成した家族を複数回にわたり喪ったことがPTSD症状を悪化させていると解釈できるかも知れない。配偶者と死別した高齢女性473名のPTSDと抑うつ感を調べたBrady, Acierno, Resnick, Kilpatrick, and Saunders (2004) の研究によると、PTSDの生涯有病率は死別していない高齢女性に比較して高かった。年齢が上がり、死という概念が身近になってきたとしても、死別から甚大な影響を受けてPTSDに対する脆弱性が高まるものと考えられる。先行する論文11本から配偶者と死別した遺族3,481名と統制群4,685名を比較した報告によると、配偶者との死別を体験した者の12%にPTSD診断との合致が認められた（Onrust & Cuijpers, 2006）。こうした先行研究の多くが配偶者との死別は遺された者に強い影響を及ぼすことを示唆している。本書の対象となった被害者遺族においても、続柄が親の場合と同様、配偶者の場合にもPTSDに対する脆弱性は高かった。

　本書の調査対象遺族においては続柄が子である場合、親や配偶者に比較して、PTSDへの脆弱性は高くなかった。親の自殺を体験した7～25歳の子ども176名を調査したBrent, Melhem, Donohoe, and Walker (2009) によると、親と死別していない子どもと比較してPTSD症状が多く認められている。ロンドンに住む移民の子ども40名（8～16歳）に調査したHeptinstall, Sethna, and Taylor (2004) によると、移住前に家族を"暴力死"で亡くしていた子どもほどPTSD症状が重かった。2001年に起きた9.11テロ事件で親と死別した子ども45名のコルチゾール反応と精神症状を調べたPfeffer, Altemus, Heo, and Jiang (2007) によると、死別した子どもではテロ事件の前後でPTSD症状が増大しており、午前中および16時に測定されたコルチゾール量も多かった。報告された多くの研究で、親を喪った子どもにはPTSDに対する脆弱性が認められる。ほとんどの場合、親を喪った子どもと親との死別を体験していない子どもが比較された研究であるため、続柄による影響を直接扱った知見ではない。本書の結果は、あくまでも親や配偶者という続柄に比較すれば、子どもが身内を亡くした場合、PTSDに対する脆弱性は高くないというだけであり、親を喪った子どもにPTSDが認められないわけではない。特に死別を体験した時点での子どもの年齢は心理反応・精神

症状に影響している可能性も考えられ，続柄の要因だけでなく，他の変数との交互作用に注目する必要がある。

　兄弟姉妹を事故で喪った10名と殺された10名を比較した Applebaum and Burns (1991) の研究では，遺族となったきょうだいの45％にPTSDが認められ，死亡者の親では35％にPTSDが認められた。子ども時代に兄弟姉妹ががんを患い治癒した体験をともに生きてきた青年78名に調査した Alderfer, Labay, and Kazak (2003) によると，がん患者の兄弟姉妹を持たない青年に比較してPTSD反応が多かった。本書の対象遺族において兄弟姉妹であることは，PTSDに対する脆弱性を低めていたが，これは続柄が子どもの場合と同様，相対的な比較の結果である。遺族となった兄弟姉妹を死別体験のない対照群と比較すれば，遺族群でPTSDへの脆弱性が多く確認されると考えられる。ただし本書のように，被害者遺族となった者のなかでは，親や配偶者という続柄に比較して，兄弟姉妹はPTSD症状を顕著に出現させる関係性ではないのかも知れない。当然，ともに育ってきた同胞を喪うことは大きな悲しみや衝撃となりうるが，自らの子を亡くした親や人生の伴侶である配偶者と死別した場合に比較すれば，心理反応・精神症状が激化しないものと考えられる。

　本書においては遺族ではない者を対照群として調査できておらず，続柄の分析に係る知見はすべて相対的なものにとどまる。それゆえ子や兄弟姉妹に比較して親と配偶者のPTSDに対する脆弱性が高かったという知見は，家族関係のなかでの濃淡をある程度は反映しているものの，子や兄弟姉妹だから心理反応・精神症状は少ないと考えるのは間違いである。ただし，子を喪った親や伴侶を亡くした配偶者が深刻な心理反応・精神症状を呈する可能性を示した知見としては一定の意義を持つと考えられる。

7) 現場認知

PTSD診断　分析可能データ数は388であった。図5-1-13に示すようにPTSD診断と現場認知には有意な関連はなかった（$x^2[1]=0.01$, $p=0.93$）。事故や事件の現場を知っている場合も知らない場合もともに，PTSD高リスクと判定されたのは被害者遺族の20％強であった。

PTSD症状　分析可能データ数は，再体験で396，回避行動で401，過覚醒で

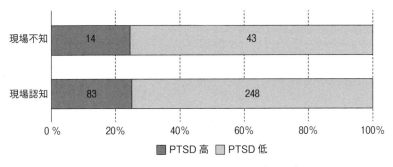

図 5-1-13 現場認知と PTSD 診断の関連

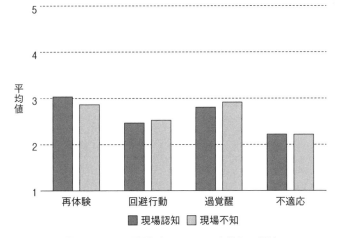

図 5-1-14 現場認知と PTSD 症状との関連

399,不適応で408であった。図5-1-14に示すように,再体験 ($t[394]=1.1$, $p=0.25$),回避行動 ($t[399]=0.5$, $p=0.64$),過覚醒 ($t[397]=0.8$, $p=0.45$),不適応 ($t[406]=0.02$, $p=0.98$) のうち,いずれの症状にも有意差はなかった。症状得点の平均値は高くても3点程度であり,積極的に主観的症状を認める4点には達していなかった。現場を知っている遺族では,再体験,過覚醒,回避行動,不適応の順に得点が高く,現場を知らない遺族では,過覚醒,再体験,回避行動,不適応の順になっていた。ただし得点差は小さく誤差の範囲であった。

PTSD 因子 分析可能データ数は415であった。因子平均のモデルを比較した結果を表5-1-5に示している。適合度指標と情報量規準を総合すると,等値モ

表5-1-5 現場認知ごとのPTSD因子モデルの比較

	等値モデル	異値モデル
CFI	.995	.994
RMSEA	.035	.040
AIC	50.551	52.486
BCC	52.558	54.611

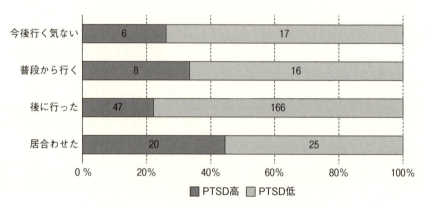

図5-1-15 現場訪問とPTSD診断の関連

デルの方がデータを説明できており（$x^2[1]=0.07$, $p=0.80$），事故や事件の現場を知っているか否かはPTSD因子と関連していなかった。

なお現場を知っている遺族355名には，その現場に訪問したことがあるかを尋ねている。「その他」の回答を除外して，現場訪問とPTSD診断の関連を調べたところ（図5-1-15），分析可能データ数は305であり，現場訪問の形態とPTSDリスクには有意な関連があった（$x^2[3]=10.2$, $p=0.02$）。事件・事故の際に現場に居合わせた遺族ならびにその現場が普段から行く場所だった遺族でPTSDリスクが高く，「後に行ったことがある」と答えた遺族および「今後行く気もない」と答えた遺族のリスクは少し低かった。

現場訪問とPTSD症状との関連を調べると，分析可能データ数は，再体験で311，回避行動で316，過覚醒で316，不適応で322であった。図5-1-16に示すように，再体験（Brown-Forsythe $F[3, 92.9]=8.4$, $p<0.001$）と回避行動（$F[3, 312]=4.2$, $p=0.006$）には有意差が検出されたが，過覚醒（$F[3, 312]=1.9$, $p=$

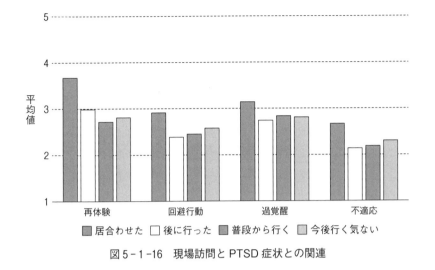

図5-1-16 現場訪問とPTSD症状との関連

0.12）と不適応（$F[3, 318] = 3.8$, $p=0.10$）には差がなかった。再体験では，「居合わせた」遺族は他の訪問形態の遺族よりも症状が重かった。回避行動では，「居合わせた」遺族は「後に行った」遺族よりも症状が重かった。事件・事故時に現場に居合わせた遺族は，直接的にトラウマを体験しているため，他の訪問形態の遺族より症状得点が高かったことも了解しやすい。再体験で有意差があったことは，直接体験を思い出して苦悩するという心理反応・精神症状として理解できる。回避行動が「後に行った」遺族より多かったことも直接体験による衝撃から，トラウマ関連刺激を避けているのかも知れない。ただし「今後行く気もない」と答えた遺族は，回答自体が回避行動とも読み取れるものの結果的に症状得点は高くなかった。それゆえ意識的に「行かないでおこう」と表明している遺族よりも，意識的あるいは無意識的にトラウマ関連刺激を避けてしまっている遺族の方が，心理反応・精神症状は重いと考えられる。一方で，過覚醒と不適応に有意差がなかったのは，現場に訪問することとの関連が強くなかったためと考えられる。

8）A1基準

PTSD診断 分析可能データ数は392であった。図5-1-17に示すようにPTSD診断とA1基準には有意な関連があり（$x^2[1] = 10.9$, $p=0.001$），A1基準に

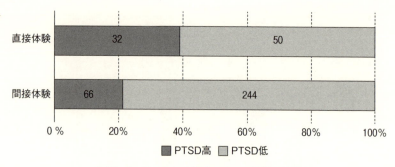

図5-1-17 A1基準とPTSD診断の関連

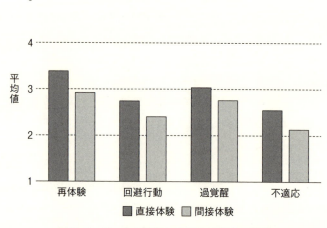

図5-1-18 A1基準とPTSD症状との関連

合致して直接体験をしていた遺族にPTSDリスクの高い者が多かった。聞き知ったという形で間接的にしか体験していない遺族ではPTSD高リスクと判定された者は約20％であったが，事故・事件により身内が死亡した際，そのトラウマを直接に体験していた遺族では約40％の者にPTSDが認められた。

PTSD症状 分析可能データ数は，再体験で401，回避行動で407，過覚醒で405，不適応で414であった。図5-1-18に示すように，再体験（$t[399]=3.6$，$p<0.001$），回避行動（$t[405]=3.0$，$p=0.003$），過覚醒（$t[403]=2.2$，$p=0.03$），不適応（$t[412]=3.6$，$p<0.001$）のすべての症状に有意差があり，間接体験に比較して，トラウマを直接体験した遺族で各症状は重かった。ただし症状得点の

表5-1-6　A1基準ごとのPTSD因子モデルの比較

	等値モデル	異値モデル
CFI	.981	.990
RMSEA	.064	.048
AIC	64.279	55.875
BCC	65.664	57.342

平均値は高くても3点程度であり，積極的に主観的症状を認める4点には達していなかった。直接体験の遺族も間接体験の遺族もともに，再体験，過覚醒，回避行動，不適応の順に平均値が高かった。

PTSD因子　分析可能データ数は424であった。因子平均のモデルを比較した結果を表5-1-6に示している。適合度指標と情報量規準を総合すると，異値モデルの方がデータを説明できており（$x^2[1]=10.4, p=0.001$），A1基準に合致する直接体験の遺族で因子平均が高かった（$M=0.35, SE=0.11, p=0.001$）。

PTSD診断，症状，因子に係るすべての分析がA1基準を満たした被害者遺族における脆弱性を示していた。定義に含まれるため，当然ではあるが，トラウマを直接体験することは遺族の心理反応・精神症状に甚大な影響を与えていた。本書が依拠しているDSM-IVでは，「その人は，以下の2つがともに認められる外傷的な出来事に暴露されたことがある。」というのがA基準である。そして「実際にまたは危うく死ぬまたは重症を負うような出来事を，1度または数度，あるいは自分または他人の身体の保全に迫る危険を，その人が体験し，目撃し，または直面した。」がA1基準，「その人の反応は強い恐怖，無力感または戦慄に関するものである。」がA2基準である。

A1基準とA2基準に関してはさまざまな議論があり，理論的あるいは実証的な研究が多数報告されている（North, Suris, Davis, & Smith, 2009；Weathers & Keane, 2007）。Gold, Marx, Soler-Baillo, and Sloan（2005）による大学生454名に対する調査では，トラウマ体験を報告してもらい，その出来事がA1基準を満たす者と満たさない者が分類された。比較分析の結果は驚くべきことに，A1基準を満たさなかったトラウマ体験を持つ対象者のPTSD症状の方が重かった。A1基準を満たさなかったトラウマ体験のうち，約3分の2は愛する者の死や病であった。この知見に対してBoals and Schuettler（2009）は，自己評価による

A1基準とA2基準を勘案すると結果は逆転し、A1基準を満たすトラウマ体験を持つ者の方でPTSD症状が重かったと報告した。ただしA2基準を統制するとA1基準の影響はほとんど消失していた。van Hooff, McFarlane, Baur, Abraham, and Barnes（2009）がオーストラリアで調査した報告によると、厳密な意味ではDSM-IVのA1基準を満たさない者にも高率にPTSDが認められた。A1とA2基準の必要性に対して、3つのサンプルを分析したBedard-Gilligan and Zoellner（2008）では、偶然確率以上の予測力をA基準は備えておらず、とりわけA1基準にA2基準を加えても予測力はほとんど増加しなかった。Breslau and Kessler（2001）による2,181名のサンプル調査では、A1基準に合致した出来事のうち76.6%がA2基準も満たしており、PTSDと診断された者のうち38%はA1基準に合致していた。必要性だけでなく、A2基準はその定義に含まれる感情にも焦点が当てられて分析されている。ストレスに対する情緒反応のうち、PTSD症状と最も強く関連するものを調べたHathaway, Boals, and Banks（2010）によると、恐怖は必ずしも優勢感情ではなく、悲しみや危機感も同等にPTSD症状の重篤さと関係していた。トラウマに曝された成人6,104名を調べたCreamer, McFarlane, and Burgess（2005）の研究によると、PTSD患者を除けば、不安障害、気分障害、薬物乱用の患者においては、A2基準がなくA1基準だけの者はむしろ少なく、A2基準を満たさない場合、トラウマ記憶に悩まされている者はわずか3%しかいなかった。

　DSM-5への改訂に向けてさまざまな提言もなされている。A1基準の必要性を調べたKilpatrick, Resnick, and Acierno（2009）では、青年期および成人期の対象者において、A1基準に合致せずにPTSDが生じることはほとんどなかった。A1基準を精緻化した上で存続させつつA2基準は廃止すべきとの意見もある（Friedman, Resick, Bryant, & Brewin, 2011）一方、A基準自体の撤廃を訴える報告もある（Brewin, Lanius, Novac, Schnyder, & Galea, 2009；Kraemer, Wittmann, Jenewein, Maier, & Schnyder, 2009）。オーストラリアの病院で患者535名を調べたO'Donnell, Creamer, McFarlane, Silove, and Bryant（2010）は、PTSD症状を示した者のうち23%でA2基準の合致がなかったと報告している。世界各地21ヶ国から集められた52,826名の調査結果でも、A2基準の有無は総合的なPTSD診断に対してほとんど影響しておらず、診断基準ではなくリスク要因と捉えるべきとの提言がなされている（Karam, Andrews, Bromet, Petukhova, Rus-

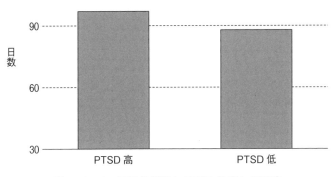

図5-1-19 死別後期間とPTSD診断との関連

cio, Salamoun, Sampson, Stein, Alonso, Andrade, Angermeyer, Demyttenaere, de Girolamo, de Graaf, Florescu, Gureje, Kaminer, Kotov, Lee, Lépine, Medina-Mora, Oakley Browne, Posada-Villa, Sagar, Shalev, Takeshima, Tomov, & Kessler, 2010)。

　診断定義に含まれるか否かの議論もさることながら，本書で用いたA1基準は死別を惹き起こした出来事を「直接」体験したのか，伝聞による「間接」体験なのかを測定している。成人女性884名を調べたAnders, Frazier, and Frankfurt (2011) によると，A1基準に含まれるか否かということよりも，トラウマ的な出来事を直接体験するか否かの方がPTSD症状と強く関連していた。これらの知見に鑑みると，本書が対象とした被害者遺族においてもA1基準に合致した者でPTSDへの脆弱性が高かった結果を理解できる。

9）死別後期間

　PTSD診断　分析可能データ数は389であった。死別後期間が量的変数であるため，PTSD高／低リスク間で死別後期間の差を検定したところ（図5-1-19），有意な関連は見出されなかった（$t[387]=0.3$, $p=0.80$）。PTSD高リスク群も低リスク群も平均的にはおよそ90日前後に調査されていた。

　PTSD症状　死別後期間が量的変数であるため各症状との関連を相関係数に

図 5-1-20　死別後期間と PTSD 症状との関連

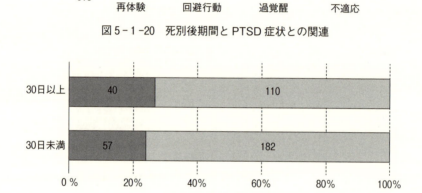

図 5-1-21　死別後1ヵ月以上／未満と PTSD 診断の関連

より分析した。分析可能データ数は，再体験で398，回避行動で404，過覚醒で402，不適応で411であった。図 5-1-20に示すように，死別後期間はいずれの症状とも関連していなかった。いずれの相関係数も0付近であり，PTSD 症状と死別後期間の間に直線的な関係性は認められなかった。

　なお死別後期間が量的変数であるため PTSD 因子との関連は分析しなかった。ただし死別後期間は ASD と PTSD を区別するのに重要な変数であるため，死別後30日以上経過していた遺族と30日未満であった遺族とを比較分析した。PTSD 診断との関連における分析可能データ数は389であった。図 5-1-21に示すように，死別後期間が1ヵ月以上かあるいは1ヶ月未満かということと PTSD リスクと

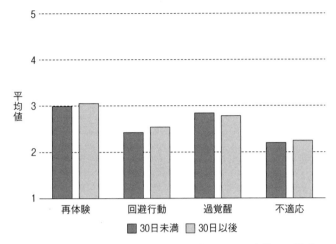

図5-1-22 死別後1ヵ月以上／未満とPTSD症状との関連

の間に関連はなかった（$x^2[1] = 0.4$, $p = 0.53$）。いずれもPTSD高リスクと判定されたのは20％強であった。

各症状との関連を調べたところ（図5-1-22），分析可能データ数は，再体験で398，回避行動で404，過覚醒で402，不適応では411であり，再体験（$t[396] = 0.6$, $p = 0.58$），回避行動（$t[402] = 1.2$, $p = 0.23$），過覚醒（$t[400] = 0.6$, $p = 0.58$），不適応（$t[409] = 0.5$, $p = 0.64$）のいずれにも有意差はなかった。症状得点の平均値は高くても3点程度であり，積極的に主観的症状を認める4点には達していなかった。1ヶ月未満の遺族も1ヶ月以上の遺族もともに，再体験，過覚醒，回避行動，不適応の順に平均値が高かった。

PTSD因子の比較では（表5-1-7），分析可能データ数は421であり，適合度指標と情報量規準に鑑みると，等値モデルの方がやや優れており（$x^2[1] = 0.2$, $p = 0.68$），死別後1ヶ月以上と1ヶ月未満の遺族間に因子平均の差はなかった。

「日にち薬」という言葉に表されるように，ストレスがかかった時点から時が経つにつれて，精神症状や心理反応が軽減されると考えることは一般的な感覚として了解できないものではない。トラウマ発生直後よりも数年あるいは十数年後の方が，当該のトラウマによる心的苦悩は軽快していると考えるのは理に適っている。しかしながらPTSDに関しては，この一般的な感覚を否定する知見が数多く報告されている。とりわけDSM-IVに定義される「遅発性PTSD」という

表 5-1-7　死別後 1 ヵ月以上／未満ごとの PTSD 因子モデルの比較

	等値モデル	異値モデル
CFI	.996	.995
RMSEA	.029	.034
AIC	48.990	50.821
BCC	49.871	51.754

概念は，トラウマに曝露されてから 6 ヶ月以上が経過してから発症するものをいう。Shanfield and Swain（1984）は，成人に達した子どもを交通事故で喪った親40名に死別から約 2 年後に調査を行い，子どもを亡くした親の悲しみはまだ続いており，精神医学的な問題も多く，身体的健康に関する不定愁訴を訴えがちであったと報告している。Pomerantz（1991）の報告にあるように，40年近く症状が表れず，定年後に発症する帰還兵の症例もある。遅発性 PTSD についてはメタ分析も報告されており，1980年～2008年までに刊行された24の知見を総合したところ，全 PTSD 診断の24.8％に遅発性 PTSD が認められ，①戦争体験，②西欧文化，③単回性のトラウマ体験が関連していた（Smid, Mooren, van der Mast, Gersons, & Kleber, 2009）。オーストラリアで実施された8,841名に対する一般人口調査によると，PTSD を発症した者のうち92％は死ぬまでに寛解するし，寛解までの期間は中央値で14年であった。ただし，①子ども時代に虐待を受けたり，②対人暴力に曝されたり，③不安障害や気分障害を二次的に発症したりすると，寛解しにくくなり，寛解までに要する期間も長くなっていた（Chapman, Mills, Slade, McFarlane, Bryant, Creamer, Silove, & Teesson, 2012）。

　本書の対象となった被害者遺族においては，死別というトラウマ発生からの期間が長くても短くても PTSD に対する脆弱性は同じであった。対象者の大半が死別後 1 ヶ月以内に調査されており，その意味ではサンプルの偏りのために時間要因の影響を検出できなかった可能性も考えられる。しかし日数単位での量的変数を分析しているため，トラウマ発生直後から症状が次第に減衰していくモデルが正しければ，結果が相関係数に反映されるはずである。分析の結果，有意な関連性を認めなかったことから，少なくとも日数単位での時間差は PTSD 症状の軽重に大きな影響を与えないものと考えられる。たとえば，年単位での時間差を一定数のサンプルで分析できれば，死別後 1 年以内の遺族より 5 年経過した遺族

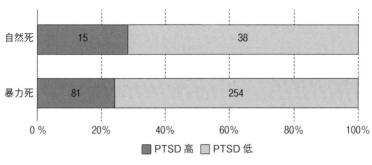

図5-1-23 死因とPTSD診断の関連

でPTSD症状が軽いといった関連を検出できるかも知れないが、今後の課題となる。

10) 死因

死因分類では，不詳の死が5名しかおらず比較困難となるため，病死・自然死と"暴力死"(外因死)の2分類を用いて分析した。

PTSD診断 分析可能データ数は388であった。図5-1-23に示すようにPTSD診断と死因に有意な関連はなかった（$x^2[1]=0.4$, $p=0.52$）。病死・自然死の遺族も"暴力死"の遺族もともにPTSD高リスクと判定されたのは20〜30％であった。

PTSD症状 分析可能データ数は，再体験で396，回避行動で403，過覚醒で400，不適応で409であった。図5-1-24に示すように，再体験（$t[394]=0.4$, $p=0.72$），回避行動（$t[401]=0.03$, $p=0.97$），過覚醒（$t[398]=0.4$, $p=0.67$），不適応（$t[407]=0.1$, $p=0.89$）のうち，いずれの症状にも有意差はなかった。症状得点の平均値は高くても3点程度であり，積極的に主観的症状を認める4点には達していなかった。病死・自然死の遺族も"暴力死"の遺族もともに，再体験，過覚醒，回避行動，不適応の順に平均値が高かった。

PTSD因子 分析可能データ数は419であった。因子平均のモデルを比較した結果を表5-1-8に示している。適合度指標と情報量規準を総合すると，等値モデルの方がデータを説明できており（$x^2[1]=0.09$, $p=0.76$），"暴力死"か病死・自然死かはPTSD因子と関連していなかった。

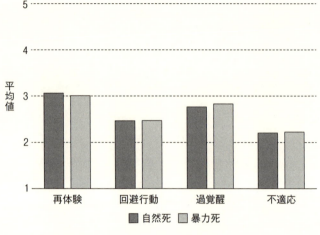

図 5-1-24　死因と PTSD 症状との関連

表 5-1-8　死因ごとの PTSD 因子モデルの比較

	等値モデル	異値モデル
CFI	.999	.998
RMSEA	.018	.024
AIC	46.482	48.390
BCC	48.558	50.588

　"暴力死"には，事故死，自殺，他殺，不詳の外因が含まれているため，それらを個別に比較分析した。PTSD 診断との関連における分析可能データ数は388であり，図 5-1-25に示すように，有意な関連性はなかった（$x^2[4] = 2.6$, $p = 0.63$）。他殺による遺族がやや高く30％前後が PTSD 高リスクと判定されたが，他の4つの死因分類に該当する遺族でも20％前後に PTSD 高リスクが認められた。

　各症状との関連における分析可能データ数は，再体験で396，回避行動で403，過覚醒で400，不適応で409であり，再体験（$F[4, 391] = 0.9$, $p = 0.47$），回避行動（$F[4, 398] = 0.7$, $p = 0.56$），過覚醒（$F[4, 395] = 0.8$, $p = 0.50$），不適応（$F[4, 404] = 0.5$, $p = 0.71$）といずれの症状にも死因下位分類との関連はなかった（図 5-1-26）。症状得点の平均値は高くても3点程度であり，積極的に主観的症

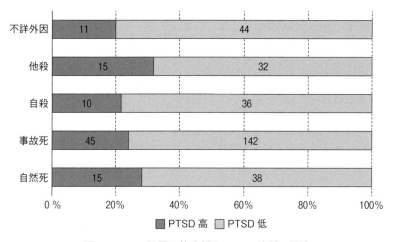

図5-1-25　死因下位分類とPTSD診断の関連

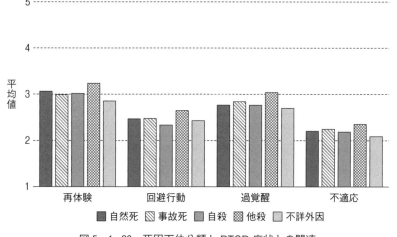

図5-1-26　死因下位分類とPTSD症状との関連

状を認める4点には達していなかった。いずれの死因分類に該当する遺族であっても，再体験，過覚醒，回避行動，不適応の順に平均値が高かった。

　被害者遺族における死因とPTSDの関連は本書の中核テーマである。愛する者を喪うことの影響は，ときに遺された者に精神症状や心理反応となって顕現する。単純な喪失に加えて，その死別が暴力的なものであれば遺族が受ける衝撃も甚大

である。それゆえ病死・自然死に比較して"暴力死"による影響は大きいものと予測された。しかしながら本書の対象となった被害者遺族においては，病死・自然死と"暴力死"の間に有意な違いを認めなかった。Barry, Kasl, and Prigerson (2002) は，遺族による①死の状況の捉え方ならびに②死別の予測が死別後の精神障害発症とどのように関連しているのかを調べている。死別後4ヶ月時点を基準点とし，遺族122名に対して死別後9ヶ月時点で再評価を行った。死の状況をより暴力的に捉えているほど基準点でのうつ病発症率が高く，死別を予測していなかった者ほど基準点と再評価時点での複雑性悲嘆が認められた。"暴力死"によって身内を亡くした遺族が複雑性悲嘆を発症する過程では「死の意味付け」が重要な要因となることを Currier, Holland, and Neimeyer (2006) が明らかにしており，さまざまな人種的背景の大学生1,056名に対する調査では死別に意味を見出せた遺族の症状は軽かった。

　本書で対象とした被害者遺族において病死・自然死と"暴力死"の間に有意差が検出されなかった背景にはいくつかの要因が考えられる。1つ目に"暴力死"の群構成における偏りが影響しているのかも知れない。本書の被害者遺族では"暴力死"のなかでも事故死による遺族がかなり多かった。他殺，自殺，不詳の外因死と比較して約4倍であり，"暴力死"による影響のうち事故による死別が占める割合が大きかった。ただし"暴力死"を下位分類した分析でも結果は同じであったため，他殺や自殺に比較して事故の衝撃度が小さいとは考えにくい。Dyregrov, Nordanger, and Dyregrov (2003) の研究でも，①自殺，②乳幼児突然死症候群，③事故によって子どもを喪った保護者の精神症状が調べられており，乳幼児突然死症候群よりも遺族の主観的苦悩は重かったものの，自殺と事故との間に差異はなかった。殺人による遺族115名と飲酒運転による事故遺族91名に面接調査を行った Amick-Mcmulian, Kilpatrick, and Resnick (1991) では，人生のいずれかの時点で PTSD を呈した者が23％，調査時点で PTSD の診断に合致した者は4.8％であったものの，殺人遺族と事故遺族に差異はなく，遺族の年齢や死別後期間は関連していなかった。こうした知見に基づくと，本書においては"暴力死"の内訳が事故死に偏っていたため，病死・自然死と"暴力死"の間に有意差が見出されなかったとする説明は難しい。

　2つ目として，調査対象となった被害者遺族のサンプリングがそれ自体偏っていた可能性がある。死体検案書の再発行などを依頼して，大学の法医学教室に書

類を受け取るために訪れた遺族が調査対象であった。使用目的の多くは保険金などの手続きに必要なためかと思われるが，どういった理由にせよ，書類を受け取るためには外出し，おそらくは公共交通機関を利用して大学まで来訪しなければならない。すなわち，家のなかにひきこもり，外出もままならないような状態の遺族はそもそも調査対象に含まれていない。少なくとも，①外出が可能であり，②書類を受け取る際には大学職員と最低限のコミュニケーションができ，そして③死別を振り返って質問紙に記入回答できた遺族のみが分析対象となっているのである。その意味では，PTSDが重篤で社会生活に困難があるような被害者遺族は除外されており，"暴力死"により最愛の家族を亡くした遺族をどの程度代表したサンプリングであったかには疑問が残る。身内との死別はトラウマとなりうる出来事ではあるものの，性的虐待や交通事故の直接的な被害体験に比較すると，PTSDの重篤度も軽く回復も早いとする報告があり（Shakespeare-Finch & Armstrong, 2010），本書の被害者遺族には症状の重篤な者が少なかった可能性も考えられる。ただしこの点については証明の仕様がなく，あくまでも病死・自然死と"暴力死"との間に有意差が見出せなかった理由の１つとして，その可能性を指摘するにとどまる。

　３つ目の背景要因として，本書で調査対象とした被害者遺族に固有の性質が考えられる。たとえば，"暴力死"群のPTSD症状が軽かったのではなく，病死・自然死群のPTSD症状が重かったという可能性がある。なぜなら本書の対象者は，司法解剖により死因究明が実施された死亡者の家族だからである。司法解剖される死体とは，犯罪性があるかあるいはその疑いのある死体である。それゆえ遺族は死亡者の死因が不明であると警察から説明されている場合が多く，併せて死因を究明するために司法解剖を実施すると告知されている。そのため最初から病死が明らかであるなど，先行研究で対照群とされてきた病死・自然死群とは質的に異なっている。本書の病死・自然死群は，死期の訪れを病床で看病しながら看取った遺族とは異なり，死の予測もできていなければ，死因についても一旦は犯罪性の嫌疑がかけられた遺族なのである。外因死の可能性を指摘されることで遺族が不安を感じた可能性は高く，解剖の結果が出るまでの間に思考は迷走し，さまざまな可能性，とりわけ警察が関与していることからネガティヴな死因が脳裏をよぎり，心的苦悩を募らせたことは想像に難くない。さらに解剖の結果「病死・自然死」であったと告げられた場合でも「よかった」と安堵することは考えにく

表 5-2-1　PTSD 診断に

変数	EXP(B)	p	EXP(B)	p	EXP(B)	p	EXP(B)	p
A1 基準（直接体験）	2.58	.00	2.25	.01	2.22	.01	2.26	.01
続柄				.00		.03		.05
親			1.74	.65	1.68	.68	1.75	.65
子			.64	.71	.62	.70	.61	.69
配偶者			2.36	.48	2.25	.51	1.89	.61
兄弟姉妹			.66	.74	.65	.73	.66	.74
他親族			.96	.98	.96	.97	.95	.97
非親戚			—	—	—	—	—	—
同居（同居）					1.05	.88	1.05	.89
性別（女性）							1.78	.06
職業（有職）								
年齢								
死因（暴力死）								
死別後期間								
生活形態（一人暮らし）								
定数	.38	.00	.35	.00	.35	.00	.33	.00
−2 対数尤度	348.00		330.32		330.29		326.63	
Cox-Snell R^2	.03		.08		.08		.09	
Nagelkerne	.04		.12		.12		.14	

く，やはり病院で最期を看取った遺族の死別体験とは質的に決定的な違いがあると思われる。警察から司法解剖の必要性を通知されたことが，遺族の心情にどのような影響を与えるのかを実証的に調べた知見は見当たらないため，どのような認知が，どういった感情を喚起し，どの程度の苦悩が生じたのかは定かではない。しかし司法解剖を実施された死亡者の遺族であることが，本書の分析過程において，病死・自然死群と"暴力死"群の差異を小さくした可能性は高いと推量される。

2節　多変量解析

1）PTSD 診断

ロジスティック回帰分析　目標変数が二値変数であり，説明変数に2つ以上の変数を設定するときに利用できるのがロジスティック回帰分析である。他の説明

対するロジスティック回帰分析

EXP(B)	p	EXP(B)	p	EXP(B)	p	EXP(B)	p	EXP(B)	p
2.29	.01	2.31	.01	2.29	.01	2.28	.01	2.28	.01
	.06		.06		.06		.06		.06
1.74	.66	1.70	.67	1.65	.69	1.66	.69	1.66	.69
.61	.68	.57	.65	.56	.64	.56	.64	.56	.65
1.88	.61	1.88	.61	1.85	.62	1.86	.62	1.86	.62
.66	.74	.66	.74	.65	.73	.65	.73	.65	.73
.93	.96	.92	.95	.89	.93	.89	.93	.90	.93
—	—	—	—	—	—	—	—	—	—
1.06	.88	1.04	.91	1.03	.93	1.03	.93	1.03	.93
1.88	.06	1.89	.06	1.91	.06	1.91	.06	1.91	.06
.89	.72	.88	.71	.88	.70	.88	.70	.88	.70
		1.00	.72	1.00	.73	1.00	.73	1.00	.73
				1.17	.69	1.17	.69	1.17	.69
						1.00	.98	1.00	.98
								1.01	.99
.32	.00	.39	.12	.41	.14	.41	.14	.41	.16
326.50		326.37		326.21		326.21		326.21	
.09		.09		.09		.09		.09	
.14		.14		.14		.14		.14	

変数の影響を除去したとしても，各々の説明変数が目標変数を有意に予測できるかを分析する手法である。ここでは階層的に分析することで，各変数が他の変数に影響されていく様子も観測した。1節の2変量解析の結果を基にPTSD診断と関連の強かった変数から順に投入して回帰式を構築した。ただし現場認知はA1基準に内包されているため，多重共線性の問題を回避する目的で回帰式には投入しなかった。分析可能データ数は333であった。

　表5-2-1に結果を示す。A1基準は，間接体験に対する直接体験の効果であり，直接体験の遺族は他の変数を統制してもPTSD高リスクとなる者が多かった。続柄は，非親戚に対する各続柄の効果であり，親や配偶者はPTSDリスクを高めるが統計的に有意な関連はなかった。生前の同居は，別居に対する同居の効果であるが有意な関連は認められなかった。性別は，男性に対する女性の効果であり，女性ではPTSD高リスクとなる者が多かったものの，統計的に有意な関連はなかった。職業は，無職に対する有職の効果であるが有意な関連は認められなかった。年齢は，1歳増加分に対するPTSDリスクの変化率であるが有意な関

連は認められなかった。死因は，病死・自然死に対する"暴力死"の効果であるが有意な関連は認められなかった。死別後期間は，1日増加分に対するPTSDリスクの変化率であるが有意な関連は認められなかった。現在の生活形態は，家族で暮らしている者に対する一人暮らしの者の効果であるが有意な関連は認められなかった。

　ロジスティック回帰分析における最終モデルでは，結局A1基準だけが統計的に有意な関連を示した。有意となったオッズ比からは，直接体験の遺族におけるPTSD高／低リスク比は，間接体験の遺族におけるPTSD高／低リスク比よりも2.28倍高いことが明らかとなった。階層的分析の経過においては，他の変数による影響をほとんど受けることなく診断の予測力を維持していた。それだけA1基準に該当する体験をしたか否かによって，遺族の精神症状や心理反応は大きく異なってくることがわかる。裏を返せば，死別を惹き起こした事件・事故を直接体験したかどうかという事実に比較すれば，続柄や性別といった要因はPTSD診断と強く関連しないことも詳らかとなった。ただし本書で用いた変数群による説明率は1割前後であり，PTSD診断の相違を惹き起こす要因のうち大半は明らかになっていない。ロジスティック回帰分析は，他の変数を統制した条件下で各説明変数がどの程度目標変数を予測できるかを調べるためのものであるが，二値変数である質的変数と他の変数群との関連を分析するための手法は他にも提案されている。

　決定木分析　目的変数のPTSD高／低リスクから有意味な分類を探索的に導き出す手法である決定木分析を実行した。説明変数には，ロジスティック回帰分析と同様の変数を用い，木の成長方法にはCRTを選択した。分析可能データ数は344であった。分析結果を図5-2-1に示している。最初の分岐は続柄であり，親と配偶者がそれ以外の続柄と分離した。PTSD高リスク者の少なかった続柄（子，兄弟姉妹，他親族，非親戚）のうち，年齢変数が次の分岐として検出された。PTSD高リスク者の少なかった40歳以上の遺族では，性別が第3の分岐点となった。

　ロジスティック回帰分析と異なり決定木分析によると，PTSD診断の高／低リスクを判別する最初の識別子は続柄であった。とりわけ親ならびに配偶者であるという続柄が他の続柄から分岐した。親ならびに配偶者である場合，PTSD高リスクと判定される者が多くなり，他の続柄よりも被害者遺族における精神症状や

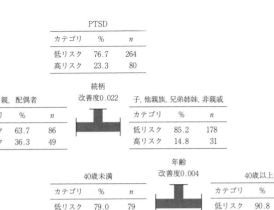

図5-2-1　決定木分析による分類結果

心理反応が重篤と考えられる。親ならびに配偶者を除いた続柄の場合，続く分岐点として年齢がPTSD高／低リスクを判別していた。40歳以上の遺族に対して40歳未満の遺族ではPTSD高リスクと判定される者が多かった。2変量解析でも有意な関連は検出されず，ロジスティック回帰分析でも年齢要因の影響は有意とならなかった。決定木分析では，年齢を量的変数ではなく年代ごとの質的変数として扱うことができ，しかもある年代以上やある年代未満というような分岐点が統計的基準に従って自動で判別される。それゆえロジスティック回帰分析では検出されなかった年齢要因が，続柄と組み合わされることで抽出されたものと考えられる。さらに年齢が40歳以上の遺族においては性別要因が次の分岐点として抽出され，女性であることがPTSDリスクを高めていた。性別要因もロジスティック回帰分析では有意な説明変数とならなかったが，続柄，年齢と組み合わされることでPTSD診断に寄与することが決定木分析により明らかとなった。2変量解析でも男性に比較して女性でPTSDの脆弱性が高まる結果は得られていたが，より詳細には，親ならびに配偶者ではない続柄の遺族が40歳以上であった場合に性別要因の影響が色濃く表れることがわかった。

表 5-2-2　再体験症状を

変数	β	p	β	p	β	p	β	p
A1基準（直接体験）	.18	.00	.17	.00	.15	.01	.15	.01
続柄								
親			.19	.17	.16	.26	.17	.23
子			.11	.51	.09	.59	.10	.56
配偶者			.26	.08	.20	.19	.19	.22
兄弟姉妹			.12	.40	.13	.37	.14	.34
他親族			.11	.30	.12	.25	.13	.23
非親戚			―	―	―	―	―	―
同居（同居）					.12	.07	.12	.06
性別（女性）							.07	.22
職業（有職）								
年齢								
死因（暴力死）								
死別後期間								
生活形態（一人暮らし）								
自由度調整済 R^2	.03		.04		.05		.05	
F値	11.44	.00	3.56	.00	3.56	.00	3.31	.00
ΔF 値	11.44	.00	1.95	.09	3.42	.07	1.54	.22

　複数の説明変数を上下の包含関係なしに等価に扱いつつ分析するロジスティック回帰と異なり，決定木分析では条件分岐に従って各説明変数の寄与を検証していくため，ロジスティック回帰分析とは違った結果となったものと考えられる。PTSD診断という二値変数に対する分析として，ロジスティック回帰分析と決定木分析を組み合わせたことにより（Andrews, Sleeman, Statham, McQuatt, Corruble, Jones, Howells, & Macmillan, 2002；Long, Griffith, Selker, & D'Agostino, 1993；Rudolfer, Paliouras, & Peers, 1999），有意な変数を取りこぼすことなく特定できたものと考えられる。

2）PTSD 症状

　重回帰分析　症状ごとにロジスティック回帰分析と同様の説明変数を用いた重回帰式を構築した。2変量解析の結果を基に，有意な関連が得られた変数から順番に投入し，階層的な分析を試みた。重回帰分析は，目的変数も説明変数もとも

予測する重回帰式

β	p	β	p	β	p	β	p	β	p
.16	.00	.16	.00	.16	.00	.16	.00	.17	.00
.16	.26	.15	.29	.15	.28	.15	.29	.13	.36
.09	.59	.07	.71	.07	.69	.07	.70	.05	.79
.18	.23	.18	.23	.18	.23	.18	.23	.17	.27
.14	.34	.14	.34	.14	.34	.14	.34	.12	.41
.12	.27	.11	.29	.11	.29	.11	.29	.10	.35
—	—	—	—	—	—	—	—	—	—
.12	.05	.12	.07	.12	.07	.12	.07	.12	.07
.13	.04	.13	.03	.13	.04	.13	.04	.13	.03
.13	.03	.13	.03	.13	.03	.13	.03	.14	.03
		−.05	.36	−.05	.36	−.05	.36	−.05	.41
				.02	.76	.02	.76	.02	.73
						.00	.99	.00	.96
								−.06	.28
.06		.06		.06		.06		.06	
3.48	.00	3.21	.00	2.92	.00	2.67	.00	2.55	.00
4.52	.03	.83	.36	.09	.76	.00	.99	1.16	.28

に量的変数である場合に適用される解析手法ではあるものの,説明変数に関しては,質的変数を0と1に二値化することにより分析可能である。それゆえ,年齢と死別後期間を除く,すべての質的な説明変数は二値化してから分析を実行した。

再体験 分析可能データ数は344であった。表5-2-2に結果を示す。最終モデルの分散説明率は6%であるが,投入した変数により再体験症状を有意に予測可能であった。①A1基準,②性別,③職業の3変数が最終モデルにおいても有意な予測因であり,①間接体験に比較して直接体験,②男性に比べて女性,③無職よりも有職の場合に再体験症状が重かった。重回帰式は最初に投入したA1基準が有意となり,その後は職業変数の投入時に予測力が有意に増加した。

再体験症状は"re-experience"あるいは"intrusion"と表記される。PTSDの中核症状の1つであり「フラッシュバック」として知られている(Hackmann, Ehlers, Speckens, & Clark, 2004)。自然災害に際して消防活動に従事した消防士ではない一般人を追跡調査したMcFarlane (1992)によると,トラウマとなった出来事を思い出してしまう程度の深刻さが気分や覚醒状態に強く影響していた。

表5-2-3 回避行動症状を

変数	β	p	β	p	β	p	β	p
A1基準（直接体験）	.16	.00	.14	.01	.14	.01	.14	.01
続柄								
親			.04	.75	.03	.82	.04	.78
子			−.17	.30	−.18	.28	−.18	.30
配偶者			.10	.49	.08	.59	.07	.64
兄弟姉妹			−.05	.71	−.05	.72	−.04	.76
他親族			−.01	.95	−.00	.98	.00	1.00
非親戚			―	―	―	―	―	―
同居（同居）					.04	.51	.04	.51
性別（女性）							.06	.28
職業（有職）								
年齢								
死因（暴力死）								
死別後期間								
生活形態（一人暮らし）								
自由度調整済 R^2	.02		.07		.07		.07	
F値	9.08	.00	5.20	.00	4.51	.00	4.10	.00
ΔF値	9.08	.00	4.34	.00	.44	.51	1.19	.28

暴行被害に遭った女性のPTSDのうち，再体験症状は8～9％の説明率であった（Michael, Ehlers, Halligan, & Clark, 2005）。地震災害に遭った生存者130名に災害後3ヶ月時点で面接調査したMcMillen et al. (2000) によると，PTSDの診断基準と完全に合致していたのは13％であったが，再体験と過覚醒の症状は48％に認められた。再体験は極めて中核的な症状であり，トラウマに出遭った者に甚大な影響がある。救命救急に携わる実務家を調査したClohessy and Ehlers (1999) の研究では，フラッシュバックしてくる記憶にどのように対処するかによってPTSDの重篤さが異なっていた。とりわけ，反芻したり，抑制したり，解離したりする対処法ではPTSDが重くなっていた。生理的メカニズムが完全に解明されているわけではないものの，右視床部位の脳血流量を減少させることで再体験症状が低減するという知見が報告されている（Kim, Lyoo, Lee, Kim, Sim, Bae, Kim, Lee, & Jeong, 2007）。

　女性の方で再体験症状が多かったこと，A1基準を満たした遺族に多く認められたことは過去の知見とも合致する。ただし無職者よりも有職者で再体験症状が

予測する重回帰式

β	p	β	p	β	p	β	p	β	p
.14	.01	.14	.01	.14	.01	.14	.01	.13	.02
.03	.81	.03	.80	.04	.79	.04	.77	.06	.67
-.18	.29	-.18	.30	-.18	.30	-.17	.32	-.15	.39
.07	.66	.07	.66	.07	.66	.08	.62	.09	.55
-.04	.77	-.04	.77	-.04	.78	-.03	.82	-.01	.92
-.01	.96	-.01	.96	-.00	.97	.00	.98	.02	.88
—	—	—	—	—	—	—	—	—	—
.04	.49	.04	.48	.05	.48	.05	.45	.05	.46
.09	.15	.09	.15	.09	.16	.09	.16	.09	.17
.06	.32	.06	.32	.06	.32	.06	.32	.06	.36
		.01	.92	.01	.93	.00	.97	-.00	.96
				.01	.87	.01	.88	.01	.91
						.04	.50	.03	.53
								.06	.28
.07		.06		.06		.06		.06	
3.76	.00	3.37	.00	3.06	.00	2.84	.00	2.71	.00
1.01	.32	.01	.92	.03	.87	.47	.50	1.16	.28

多く認められたことには考察の余地がある。日々の仕事に追われて忙しい方が嫌な記憶を思い出す時間も減るため、無職の者よりも有職の遺族でPTSD症状が少ないという結果であれば了解しやすい。しかし結果は逆であり有職者で再体験症状は高かった。「フラッシュバック」は自動的で統制困難な記憶の再体験であるため、考えることが多く、働いている者ほど、制御できないトラウマ記憶の侵入に悩まされるとの自覚が高いのかも知れない。ただしこの点は本書の調査知見だけからは断定できないため、さらなる研究が必要である。

　回避行動　分析可能データ数は349であった。表5-2-3に結果を示している。最終モデルの分散説明率は6％であるが、投入した変数により回避行動症状を有意に予測可能であった。ただし最終モデルにおける有意な予測因はA1基準だけであり、間接体験に比較して直接体験の場合に回避行動症状は重くなっていた。重回帰式はA1基準に加えて続柄変数を投入した段階で有意に予測力を増したが、続柄変数のなかで有意に回避症状を予測する間柄はなかった。

　回避症状はPTSDの中核症状ではあるものの、その概念自体には議論も多い

表5-2-4 過覚醒症状を

変数	β	p	β	p	β	p	β	p
Ａ１基準（直接体験）	.13	.01	.10	.05	.10	.07	.10	.05
続柄								
親			.29	.06	.28	.08	.34	.03
子			.17	.38	.16	.42	.22	.25
配偶者			.40	.02	.37	.03	.37	.03
兄弟姉妹			.16	.32	.16	.32	.22	.17
他親族			.14	.23	.15	.22	.18	.12
非親戚			—	—	—	—	—	—
同居（同居）					.04	.48	.04	.51
性別（女性）							.20	.00
職業（有職）								
年齢								
死因（暴力死）								
死別後期間								
生活形態（一人暮らし）								
自由度調整済 R^2	.02		.07		.07		.10	
F値	6.17	.01	5.13	.00	4.46	.00	5.74	.00
ΔF値	6.17	.01	4.85	.00	.49	.48	13.57	.00

（Asmundson et al., 2004）。意識的にトラウマ体験を思い出さないように回避している場合は自覚的であるものの，無自覚的に「回避」している場合，その症状が「ある」と測定することは不可能であり第三者によって推測するしかない。それゆえ回避症状の概念自体は精緻化される必要がある。しかし症状としてPTSDを形作っていることは疑いようもなく，疾患における重症度との関連は薄いという報告もあるものの（Shalev, 1992），PTSDの重篤さを最も鮮明に物語っているのが回避症状であるとの知見もある（McMillen et al, 2000）。レイプ被害者139名に対するBoeschen et al.（2001）の調査では，自らの被害体験に触れないように回避することはPTSD症状を少し悪化させていた。fMRIによって生理的基盤を探索したHopper et al.（2007）は，前帯状皮質の活動と回避症状が負の相関を示すと報告している。

　結果的に，本書の分析からはＡ１基準のみが回避症状を予測する変数であった。先行研究が示唆するように回避症状はPTSDの重篤さと最も関連している可能性がある。一方で概念上の問題から，測定可能かどうかの結論も出ていない。た

予測する重回帰式

β	p	β	p	β	p	β	p	β	p
.11	.05	.12	.03	.12	.03	.12	.02	.12	.03
.33	.03	.33	.04	.33	.03	.32	.04	.34	.03
.21	.27	.18	.34	.18	.34	.17	.37	.18	.34
.36	.03	.38	.03	.38	.03	.37	.03	.37	.03
.22	.18	.23	.16	.23	.15	.22	.18	.23	.16
.17	.14	.17	.13	.18	.13	.17	.16	.17	.14
—	—	—	—	—	—	—	—	—	—
.04	.48	.03	.60	.03	.59	.03	.64	.03	.64
.23	.00	.24	.00	.23	.00	.24	.00	.23	.00
.07	.23	.07	.22	.07	.23	.07	.23	.07	.25
		−.09	.10	−.10	.10	−.09	.11	−.09	.10
				.01	.78	.02	.77	.02	.78
						−.05	.32	−.05	.30
								.03	.55
.10		.11		.10		.10		.10	
5.27	.00	5.04	.00	4.58	.00	4.28	.00	3.97	.00
1.45	.23	2.75	.10	.08	.78	1.01	.32	.37	.55

だし,少なくとも本書で調査した被害者遺族においては,トラウマを直接あるいは間接的に体験したかどうかが重要であることが明らかとなった。

過覚醒 分析可能データ数は346であった。表5-2-4に結果を示している。最終モデルの分散説明率は10％であるが,投入した変数により過覚醒症状を有意に予測可能であった。①A1基準,②続柄,③性別の3変数が最終モデルにおいても有意な予測因であり,①間接体験に比較して直接体験,②非親戚に比べて親あるいは配偶者,③男性よりも女性の場合に過覚醒症状は重くなっていた。続柄および性別を重回帰式に投入した時点で予測力が有意に高まった。

過覚醒症状はさまざまな生活適応とも関連するPTSDの中核症状である。性的虐待を子どもの頃に受けた女性が成人後も性暴力被害に遭うか否かを分析したRisser, Hetzel-Riggin, Thomsen, and McCanne(2006)によると,3つの中核症状のなかで過覚醒だけが有意に再被害を予測していた。生理的メカニズムを探索したMetzger, Paige, Carson, Lasko, Paulus, Pitman, and Orr(2004)の脳波測定では,右側頭頂葉の活動増加と過覚醒症状の間に関連が認められた。過覚醒の

表5-2-5 不適応症状を

変数	β	p	β	p	β	p	β	p
A1基準（直接体験）	.17	.00	.13	.01	.13	.02	.13	.02
続柄								
親			.15	.29	.14	.33	.16	.25
子			-.07	.70	-.07	.67	-.05	.75
配偶者			.16	.29	.14	.36	.11	.47
兄弟姉妹			-.05	.74	-.05	.75	-.03	.86
他親族			.03	.76	.04	.74	.05	.65
非親戚			—	—	—	—	—	—
同居（同居）					.04	.57	.04	.54
性別（女性）							.16	.00
職業（有職）								
年齢								
死因（暴力死）								
死別後期間								
生活形態（一人暮らし）								
自由度調整済 R^2	.02		.07		.07		.09	
F値	9.77	.00	5.33	.00	4.61	.00	5.26	.00
ΔF値	9.77	.00	4.35	.00	.32	.57	9.07	.00

指標となる心拍数と血圧を測定したBryant, Harvey, Guthrie, and Moulds (2000) では，ASDの診断あるいは1分間に90拍以上の心拍数である場合，かなり高確率でPTSDを予測可能であった。

被害者遺族に対する本書の調査では，①A1基準，②続柄（親と配偶者），③性別（女性）であることが過覚醒症状を予測していた。直接的な体験はPTSDすべての下位症状に影響している。女性であることも先行研究と合致する知見である。子どもあるいは配偶者を喪った者で過覚醒症状が多く認められる背景には考察の余地がある。しかしながら神経が過敏になったり，睡眠障害が出現したりすることと，子どもや配偶者を亡くしたことが直接的に関連しているとは考えにくい。それゆえ子どもを喪うという心理的衝撃，あるいは最愛の伴侶を亡くしたという絶望感や喪失感がPTSD自体の症状を激化させた結果，過覚醒症状も同様の影響を受けているものと考えるのが妥当である。

不適応 分析可能データ数は352であった。表5-2-5に結果を示している。最終モデルの分散説明率は9％であるが，投入した変数により不適応症状を有意

予測する重回帰式

β	p	β	p	β	p	β	p	β	p
.14	.01	.14	.01	.14	.01	.15	.01	.14	.01
.15	.28	.14	.30	.15	.28	.14	.30	.17	.22
−.06	.71	−.08	.63	−.08	.65	−.08	.63	−.05	.75
.10	.50	.10	.50	.10	.49	.10	.53	.11	.45
−.02	.86	−.03	.86	−.02	.88	−.03	.84	−.00	.98
.04	.73	.03	.75	.04	.73	.03	.78	.05	.65
—	—	—	—	—	—	—	—	—	—
.04	.51	.04	.55	.04	.54	.04	.56	.03	.58
.22	.00	.22	.00	.22	.00	.22	.00	.21	.00
.11	.06	.12	.05	.11	.06	.11	.06	.11	.08
		−.04	.53	−.04	.51	−.04	.54	−.04	.46
				.03	.60	.03	.58	.03	.61
						−.04	.48	−.04	.43
								.08	.15
.10		.09		.09		.09		.09	
5.12	.00	4.64	.00	4.24	.00	3.92	.00	3.79	.00
3.71	.06	.40	.53	.28	.60	.51	.48	2.10	.15

に予測可能であった。①A1基準，②性別の2変数が最終モデルにおいても有意な予測因であり，①間接体験に比較して直接体験，②男性よりも女性の場合に不適応症状は重くなっていた。A1基準に加えて，続柄と性別変数が投入された時点で重回帰式の予測力が有意に高まった。

　本書で調べた被害者遺族においては，死亡者の直接的な死因である事件や事故に直面していたこと，女性であることの2点が不適応症状と有意に関連していた。いずれも先行知見と合致する結果であり，PTSDを発症することで不適応が生じるという因果関係を想定すれば了解しやすい。不適応症状は本書のモデルにおいては，PTSDの中核3症状とは独立に出現すると想定しているため，PTSDの重篤さに応じて不適応も深刻化するという単一方向の因果関係が考えられる。逆に社会不適応が深まることでPTSDの症状が激化していくという方向性は考えにくいため，不適応症状を予測する重回帰分析の結果は単純にPTSDの深刻さと関連する変数が抽出されたものと考えられる。

3節 "暴力死"の分析

　本書は，"暴力死"により死別した遺族を関心の中心に据えている。それゆえ，"暴力死"に関しては仔細な分析を行った。具体的には，次からの項において"暴力死"の下位分類である，①事故死，②自殺，③他殺，④不詳の外因死，以上4つの死因を⑤病死・自然死と比較分析した。その際，死因以外の要因との交互作用に着目し，従属変数である①再体験，②回避行動，③過覚醒，④不適応の各4症状に対して二元配置分散分析により検証した。

1) A1基準

　再体験に対する分析可能データ数は384であった。分散の等質性は維持されていたが，交互作用は有意とならなかった（$F[4, 374]=1.5$, $p=0.20$）。回避行動に対する分析可能データ数は392であった。分散の等質性は維持されていたが，交互作用は有意とならなかった（$F[4, 382]=1.3$, $p=0.26$）。過覚醒に対する分析可能データ数は389であった。分散の等質性は維持されていたが，交互作用は有意とならなかった（$F[4, 379]=1.1$, $p=0.37$）。不適応に対する分析可能データ数は398であった。分散の等質性は維持されていたが，交互作用は有意とならなかった（$F[4, 388]=2.3$, $p=0.06$）。

　要約すると，死別を惹き起こした事件や事故を直接体験したことと，その死因が"暴力死"であったか否かは，遺族のPTSD症状に対して相乗効果を持っていなかったことになる。"暴力死"には事件や事故が含まれているため，事件や事故を直接体験する場合に最もPTSD症状が重くなることも予測されたが，分析結果はこれを支持しなかった。

2) 続柄

　再体験に対する分析可能データ数は378であった。分散の等質性は維持されていたが，交互作用は有意とならなかった（$F[16, 352]=1.1$, $p=0.38$）。回避行動に対する分析可能データ数は386であった。分散の等質性は維持されており，交互作用が有意であった（$F[16, 360]=2.0$, $p=0.01$）。他親族と非親戚においては，

事故死よりも他殺で症状が重くなっていた。過覚醒に対する分析可能データ数は382であった。分散の等質性は維持されていたが，交互作用は有意とならなかった（$F[16, 356] = 1.0$, $p = 0.48$）。不適応に対する分析可能データ数は390であった。分散の等質性は維持されていたが，交互作用は有意とならなかった（$F[16, 364] = 1.3$, $p = 0.19$）。Wijngaards-de Meij, Stroebe, Schut, Stroebe, van den Bout, van der Heijden, and Dijkstra（2005）は，子どもと死別して6，13，20ヶ月後の夫婦を縦断的に調査している。多変量回帰分析の結果，悲嘆反応は死別した子どもの年齢や子どもの死因などに強く影響されていた。しかし本書の研究では親に特異的な"暴力死"による影響はなかった。

　他親族と非親戚に分類される遺族は，親類のなかでも遠縁にあたる者たちである。親子関係や夫婦関係に比較すると，死別に対しての心理的距離が離れている可能性がある。つまり死別をより客観的に捉えている可能性が考えられる。客観的に死別を捉えた場合，事故よりも他殺が衝撃的であることは了解できる。交通事故に代表されるように，事故は一般人の日常生活にも「起こりうる」出来事と捉えられやすい。しかし「殺人」は滅多に生じないどころか，通常感覚としてはテレビのなかの出来事と認知され，自分の身内に降りかかる事件とは想定していない。それゆえ「死別」自体の影響を括弧に入れれば，客観的に「殺人」という"暴力死"が極めて衝撃的であることは想像に難くない。ただしそのことが回避症状にだけ表れている理由を本書の分析結果だけから推察することは難しい。

3）生前の同居

　再体験に対する分析可能データ数は377であった。分散の等質性は維持されていたが，交互作用は有意とならなかった（$F[4, 367] = 0.6$, $p = 0.69$）。回避行動に対する分析可能データ数は384であった。分散の等質性は維持されていたが，交互作用は有意とならなかった（$F[4, 374] = 1.6$, $p = 0.17$）。過覚醒に対する分析可能データ数は379であった。分散の等質性は維持されていたが，交互作用は有意とならなかった（$F[4, 369] = 1.8$, $p = 0.12$）。不適応に対する分析可能データ数は387であった。分散の等質性が維持されておらず，交互作用も有意とならなかった（$F[4, 377] = 2.1$, $p = 0.08$）。

　つまり死因が"暴力死"であったか否かということと，その死亡者と生前に同

居していたかということは，PTSD症状の深刻化に対して相乗効果を持っていなかったことになる。

4）性別

再体験に対する分析可能データ数は384であった。分散の等質性は維持されていたが，交互作用は有意とならなかった（$F[4, 374]=1.1$, $p=0.37$）。回避行動に対する分析可能データ数は392であった。分散の等質性は維持されていたが，交互作用は有意とならなかった（$F[4, 382]=1.6$, $p=0.18$）。過覚醒に対する分析可能データ数は389であった。分散の等質性は維持されていたが，交互作用は有意とならなかった（$F[4, 379]=1.8$, $p=0.13$）。不適応に対する分析可能データ数は398であった。分散の等質性が維持されておらず，交互作用も有意とならなかった（$F[4, 388]=1.2$, $p=0.32$）。

すなわち，死別が"暴力死"によるものであったかということと，遺族の性別との間にPTSD症状を悪化させる相乗効果はなかったということになる。

5）職業

再体験に対する分析可能データ数は351であった。分散の等質性は維持されていたが，交互作用は有意とならなかった（$F[4, 341]=0.4$, $p=0.82$）。回避行動に対する分析可能データ数は357であった。分散の等質性は維持されていたが，交互作用は有意とならなかった（$F[4, 347]=1.5$, $p=0.20$）。過覚醒に対する分析可能データ数は356であった。分散の等質性は維持されていたが，交互作用は有意とならなかった（$F[4, 346]=1.1$, $p=0.35$）。不適応に対する分析可能データ数は363であった。分散の等質性が維持されておらず，交互作用も有意とならなかった（$F[4, 353]=1.3$, $p=0.25$）。

有職か無職かということと死因が"暴力死"であったかということとの間には，PTSD症状の重篤さに対する相乗効果が認められなかった。

6）年齢

　年齢は量的変数であるため，年齢を共変量とした共分散分析を実行した。再体験に対する分析可能データ数は384であった。分散の等質性は維持されていたが，死因の下位分類間に有意差はなかった（$F[4, 378] = 1.4$, $p = 0.25$）。回避行動に対する分析可能データ数は392であった。分散の等質性は維持されていたが，死因の下位分類間に有意差はなかった（$F[4, 386] = 0.9$, $p = 0.44$）。過覚醒に対する分析可能データ数は389であった。分散の等質性は維持されていたが，死因の下位分類間に有意差はなかった（$F[4, 383] = 1.1$, $p = 0.35$）。不適応に対する分析可能データ数は398であった。分散の等質性は維持されていたが，死因の下位分類間に有意差はなかった（$F[4, 392] = 0.9$, $p = 0.46$）。

　すなわち，身内の死因が"暴力死"であったかどうかと，遺族の年齢との関係はPTSD症状の重症化に対して相乗効果がなかったことになる。

7）死別後期間

　死別後期間は量的変数であるため，死別後期間を共変量とした共分散分析を実行した。再体験に対する分析可能データ数は381であった。分散の等質性は維持されていたが，死因の下位分類間に有意差はなかった（$F[4, 375] = 1.5$, $p = 0.21$）。回避行動に対する分析可能データ数は389であった。分散の等質性は維持されていたが，死因の下位分類間に有意差はなかった（$F[4, 383] = 0.8$, $p = 0.53$）。過覚醒に対する分析可能データ数は386であった。分散の等質性は維持されていたが，死因の下位分類間に有意差はなかった（$F[4, 380] = 1.3$, $p = 0.28$）。不適応に対する分析可能データ数は395であった。分散の等質性は維持されていたが，死因の下位分類間に有意差はなかった（$F[4, 389] = 0.9$, $p = 0.49$）。

　死因が"暴力死"であるかどうかと，死別からどの程度の日数が経っているかということとの間にPTSD症状を重くする相乗効果はなかった。

8）現在の生活形態

　再体験に対する分析可能データ数は384であった。分散の等質性は維持されて

いたが，交互作用は有意とならなかった（$F[4, 374] = 0.7$, $p = 0.62$）。回避行動に対する分析可能データ数は392であった。分散の等質性は維持されていたが，交互作用は有意とならなかった（$F[4, 382] = 0.7$, $p = 0.62$）。過覚醒に対する分析可能データ数は389であった。分散の等質性は維持されていたが，交互作用は有意とならなかった（$F[4, 379] = 1.0$, $p = 0.39$）。不適応に対する分析可能データ数は398であった。分散の等質性が維持されておらず，交互作用も有意とならなかった（$F[4, 388] = 0.6$, $p = 0.64$）。

要約すると，今現在家族と暮らしているかということと，死亡者の死因が何であったかということとの間にPTSD症状に対する相乗効果はなかったことになる。

総じて，1つの例外を除くと，"暴力死"と他の変数との交互作用はなかった。DSM-5への改訂に伴い予期しない死別はトラウマ的な出来事から除外された。Kloep, Lancaster, and Rodriguez（2014）は突然の"暴力死"による死別と"暴力死"ではない突然死による死別とを比較して，PTSD症状の重さに違いがあるだけでなく，症状の因子構造にまで死因の違いが影響していることを見出している。"暴力死"と突然死による影響を比較した Kaltman and Bonanno（2003）の研究では，突然死はPTSD症状と関連していなかったが，"暴力死"はPTSDならびに抑うつ症状の遷延化を予測した。こうした知見は，"暴力死"による遺族への影響が極めて大きいことを物語っている。しかし本書の研究では突然死と"暴力死"を分離して測定できておらず，比較して考察することは難しい。ただし先にも述べたように，"暴力死"の影響を分析するに際して，本書では「死亡解剖に附された」病死・自然死群が対照群となっている点が方法論的に最大の特徴である。それゆえに過去の知見が再現されなかった可能性が高いものと考えられる。

4節　補足分析

1）感情語の表出

感情語の表出は遺族1名につき3語まで回答できる欄を設けた。無記入も27名

あったが，424名全体では合計956の記述があり，3つとも回答記入があった者255名，2つの者49名，1つだけの者93名であった。「悲しい」「悲しみ」「悲しさ」などの語形変化と「悲しい」「かなしい」「カナシイ」などの表記の違いを統一すると，159の回答記述が確認できた。ただし頻度を計数すると上位12語で768の反応となり80％を超えた。それゆえ以下ではこの上位12語を分析した。遺族ごとに上位12語の回答があるか否かを確認し，0と1に二値変数化した。

まず感情表出の数がPTSD診断と関連するのかを分析した。分析可能データ数は392であり，Mann-WhitneyのU検定では有意差が検出され，PTSD高リスク群の方が感情表出は多かった。続いてPTSD症状との関連をSpearmanの順位相関で調べた。分析可能データ数は，再体験で401（$rs=0.11, p=0.02$），回避行動で407（$rs=0.09, p=0.09$），過覚醒で405（$rs=0.22, p<0.001$），不適応で414（$rs=0.18, p<0.001$）であり，回避行動を除く3つの症状で有意な正の相関があった。

PTSDに悩む遺族ほど，アンケート調査の記入欄に自らの気持ちを回答したことになる。感情表出が死別後の精神的健康に影響するとの知見が報告されている。Bonanno and Keltner（1997）によると，配偶者を喪った遺族では，否定的な感情が表情に現われる者には悲嘆反応の増加，肯定的な感情が現われる者には悲嘆反応の減少が認められた。表情だけでなくトラウマに関してどのような言葉を口にするのかも影響する。否定的な感情に比較して肯定的な感情を口にする遺族では死別後により健康的な状態であった（Pennebaker, Mayne, & Francis, 1997）。しかしながら感情表出についての知見が一貫しているわけではなく，死別の事実と死別後の感情を記述することに治療効果を見出していない報告もある（Stroebe, Stroebe, Schut, Zech, & van den Bout, 2002）。さらに伝統的な感情表出に関する見方を覆し，むしろ否定的な感情は表出せずに抑制する方が適応的であるとの知見も見出されている（Coifman, Bonanno, Ray, & Gross, 2007）。①社会的支援，②感情開陳，③実験的感情表出，④悲嘆への介入技法，以上4つの領域において，感情表出が本当に遺族のケアとして有効なのか，先行知見を整理したStroebe, Schut, and Stroebe（2005）は，通常の死別に関して感情表出が遺族の適応を高めるという証拠はいずれの領域にも見出せないと結論付けている。

続いて12語を用いて多重対応分析による布置図を描いた。分析可能データ数は424であった。第Ⅰ次元の固有値は1.4，クロンバックのα係数は0.30，分散説明

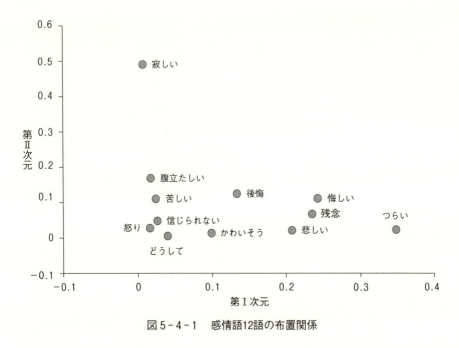

図5-4-1　感情語12語の布置関係

率11.5％であった。第Ⅱ次元の固有値は1.2，クロンバックのα係数は0.20，分散説明率10.2％であった。図5-4-1に感情語12語の布置関係を示す。

　感情語の表出を基に多重対応分析によるオブジェクトスコアを各遺族に割り当てた。第Ⅰ次元との関連は，分析可能データ数401の再体験（$r=-0.19$，$p<0.001$），分析可能データ数407の回避行動（$r=-0.22$，$p<0.001$），分析可能データ数405の過覚醒（$r=-0.25$，$p<0.001$），分析可能データ数414の不適応（$r=-0.19$，$p<0.001$）とすべて有意な負の相関であった。他方，第Ⅱ次元では，再体験（$r=-0.02$，$p=0.67$），回避行動（$r=-0.03$，$p=0.57$），過覚醒（$r=-0.02$，$p=0.63$），不適応（$r=-0.01$，$p=0.87$）とすべて有意な相関はなかった。

　第Ⅰ次元と各症状が負の相関であったことから，「つらい」や「悔しい」と表現した遺族よりも「怒り」や「腹立たしい」と回答した遺族の方がPTSD症状を多く示していると考えられる。「寂しい」という言葉が唯一第Ⅱ次元に関して高い正の値で布置していた。この第Ⅱ次元はPTSD症状と相関しなかったため，何を表した軸であるのか解釈困難である。しかし第Ⅰ次元は「つらい」，「悔しい」，

「残念」など，死別を受け容れた後の感情反応に正の絶対値が大きく，「怒り」，「腹立たしい」，「どうして」，「信じられない」など，死別を受け容れられない反応が±0付近に布置していた。死別後間もない時期に，死の現実を事実として受容できない遺族の心理は了解できる。死亡を知ってから一定期間が過ぎたにもかかわらず，死別を認められないとなれば，精神症状・心理反応が重篤さを帯びてくると考えることは妥当である。Bonanno, Mihalecz, and LeJeune（1999）は，配偶者と死別した被害者遺族の中心的な感情表現を愛情や死亡者を誇りに想う気持ちからなる「対死亡者肯定感情」，怒りや妬みや死亡者を恥と想う「対死亡者否定感情」，幸せや安心や自信からなる「自己強化感情」と不安や恐怖や罪悪感からなる「自己弱化感情」の4つのテーマ別に分類している。そして，自己強化感情は悲嘆反応の減少と，対死亡者肯定感情は身体愁訴の減少と関連している一方で，対死亡者否定感情は悲嘆反応の増加と，自己弱化感情は悲嘆反応と身体愁訴の両方の増加と関連していると報告している。したがって程度の問題はあるものの，否認の防衛機制が働いている遺族ではPTSDに関しても状態が芳しくないものと判断できる。

次にオブジェクトスコアを基にクラスタ分析による樹形図の視察から遺族を3つの群に分類した。分散分析の結果，第①群は両軸ともに負の値を示し，第②群は第Ⅰ軸で正，第Ⅱ軸で負の値を示し，第③群は第Ⅱ軸で正の値を示した。群間差は第①群と第②群の間でのみ有意であり，再体験（$F[2, 398] = 7.1$, $p = 0.001$），回避行動（$F[2, 404] = 6.4$, $p = 0.002$），過覚醒（$F[2, 402] = 11.5$, $p < 0.001$），不適応（$F[2, 411] = 8.6$, $p < 0.001$）のいずれも第①群の症状が重かった。第③群は「寂しい」に特徴付けられる遺族である。先の議論に沿えば，第②群は死別を受容した上で悲しんでいる遺族である。そして第①群が死別の受容に困難を示している遺族となる。したがって分散分析の結果，第②群に比較して第①群の各症状得点が高かったことは，死を受容できない特徴の違いが反映されたものと考えられる。

2）遺族の要望分析

アンケートの最後に「何かご要望がございましたら，ご自由にお書きください。」との自由記述欄を設けた。遺族424名中，自由回答を記入した者は65名（15.3％）

表5-4-1 テキストマイニングから抽出されたキーワード

	n	%
解剖	25	38.5
説明	23	35.4
不満	18	27.7
死亡原因	13	20.0
感謝	13	20.0
怒り・憤り	12	18.5
エンバーミング	9	13.8
満足	7	10.8
警察	4	6.2

であった。自由回答の中身を分析する前に，自由回答に記入した者と無回答であった者にPTSDに関して差異があるのかを調べた。分析可能データ数は392であった。無回答であった遺族に比較して，要望欄への自由回答を記入した遺族にはPTSD高リスク者が多かった（$x^2[1]=4.7, p=0.03$）。したがって感情表出と同じく，PTSDのリスクが高い者ほど自由解答欄へ要望を記入するという関連が認められた。PTSD高リスク者が多いという前提の下，記入のあった65名の自由回答をテキストマイニングによって分析した。

文章形式で記入された自由回答をテキストマイニングで単語に分割し，出現頻度が複数あった単語を整理すると，表5-4-1に示す9つのキーワードが抽出された。①法医学者への感謝，②エンバーミングへの要望，③司法解剖（待ち時間，立ち合い，大学警備など）への不満，④説明不足への不満，⑤死因究明への感謝，⑥警察対応への不満，⑦その他への怒り・憤りなどが記述されていた。

続いて，自由回答の単語と遺族が記した文意を基に「司法解剖」への満足／不満足を判定した。「感謝」や「ありがとうございました」などから満足と判定された者は7名（10.7%），「残念」や「○○してもらいたかった」などから不満足と判定された者は18名（27.7%）であった。抽出された9つのキーワードに対して，多次元尺度構成法により満足／不満足との関連を調べた。図5-4-2に布置図を示す。

満足と関連したのは，法医学教室の職員による対応に「感謝」や死因が明らかになったことに対する「安心」を述べている遺族であった。逆に不満足と関連したのは，解剖の説明がないことやエンバーミングに対する要望を示した遺族であ

った。感謝が述べられていたことは意外な結果であった。司法解剖に対する遺族らの想いは複雑であり，亡くなったとはいえ，愛する家族の身体を傷付ける行為は容易に承服できるものではないと思われる。しかし世界各地で実施された調査結果は，予想に反して司法解剖に肯定的な意見が多いことを示している。ただしスイス（Plattner, Scheurer, & Zollinger, 2002），インド（Behera, Rautji, & Dogra, 2008），オーストラリア（Sullivan & Monagle, 2011）では肯定的な意見が得られた一方，本邦の調査では司法解剖に対する遺族の不満が明らかになっている（Ito, Nobutomo, Fujimiya, & Yoshida, 2010）。その意味では，自由回答欄に記された遺族の要望，とりわけ感謝の言葉を基に，司法解剖実務の改善を検討していくことも必要と考えられる。

多次元尺度構成法の結果を基にクラスタ分析で，解剖やエンバーミングへの言及があったⅠ群22名，怒りや憤りを顕わにしたⅡ群19名，感謝を述べた者が含まれたⅢ群24名に遺族を分類した。クラスタ分析の結果を多次元尺度構成法と同じ空間に布置したものを図5-4-3に示す。

PTSDリスクに関して，3群間に統計的な差異こそ検出されなかったが（$x^2[2]=3.4, p=0.18$），高リスク判定者は，Ⅰ群で31.6%，Ⅱ群で52.6%，Ⅲ群で26.1%であった。

自由回答欄へ記述した遺族にはPTSD高リスク者が多く含まれていた。精神症状・心理反応に苦悩する者が「要望欄」に想いを表出したのかも知れない。元々高リスク者が多い集団であり，統計的な差異こそ見出せなかったものの，司法解剖への強い要望（つらい，無残，腹が立つなどの言葉），警察への不信感，加害者や司法制度への怒りなど，自己の憤りを表明する者ほど，重篤な精神症状・心理反応を抱えている可能性が示唆された。裏を返せば，①司法解剖の結果を丁寧に説明し，②可能な限りエンバーミングに配慮し，③司法手続きの改善を図ることにより，遺族の納得や満足が得られれば，精神症状・心理反応を鎮静化する意味で有効な支援となりうるものと考えられる。

3）司法解剖との関連

遺族が死亡者とどの時期に再会を果たしたか，すなわち，遺体との面会はどの時点であったのかがPTSD症状と関連するのかを調べた。司法解剖を担う法医

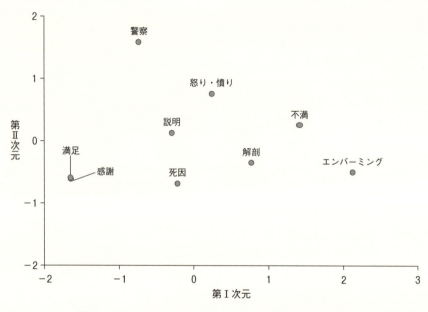

図5-4-2　9つの抽出キーワードと満足／不満足の関係

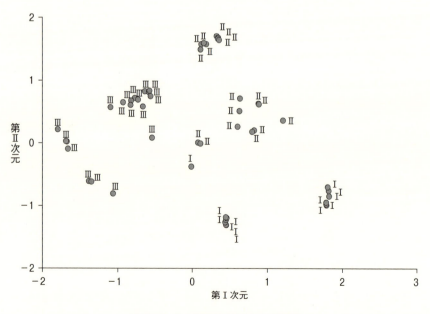

図5-4-3　遺族クラスタの布置図

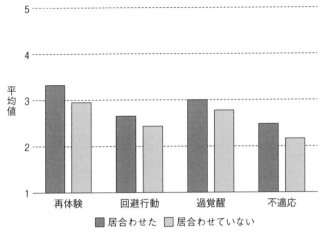

図5-4-4 事件事故時に居合わせた影響

学教室での調査が本書の基盤であり、とりわけ「解剖」に係る遺族への影響を調べることは喫緊の課題であった。

「事件事故時」に居合わせたと回答した遺族の結果を図5-4-4に示している。分析可能データ数は、再体験401, 回避行動407, 過覚醒405, 不適応414であった。再体験（$t[399]=2.6, p=0.008$）と不適応（$t[412]=2.5, p=0.013$）には有意差があったが、回避行動（$t[405]=1.8, p=0.08$）と過覚醒（$t[403]=1.7, p=0.10$）には有意差がなかった。この変数はA1基準との重複も多く、死亡者が事件・事故に巻き込まれた時点で一緒にその状況を体験したことを示している。したがって再体験と不適応で、その場に居合わせた遺族の症状が多く認められたことは容易に理解できる。事件あるいは事故の現場をまさに体験しているため、記憶に深く刻まれてしまい再体験症状に繋がった可能性、そしてそのトラウマ体験の大きさゆえに社会適応を崩してしまった可能性が考えられる。

「入院中」に会ったと回答した遺族の結果を図5-4-5に示す。分析可能データ数は、再体験401, 回避行動407, 過覚醒405, 不適応414であった。再体験（$t[399]=0.5, p=0.60$）、回避行動（$t[405]=0.1, p=0.94$）、過覚醒（$t[403]=0.5, p=0.64$）、不適応（$t[412]=0.5, p=0.65$）のいずれにも有意差はなかった。入院中に会ったということは、最期の別れに間に合ったということであり、それも病院という整理された状況下で最期の別れに向けて気持ちを整えられた可能性が

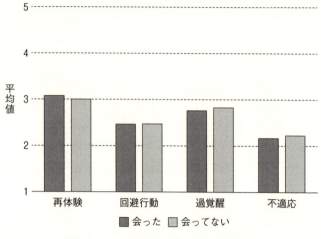

図5-4-5 入院中に会ったことの影響

ある。事件・事故の現場が最後の対面であれば、非常に未整理で、ひどい場合は無残な姿を目の当たりにすることになる。それに比較すると、病院の臨床では治療のために医療的ケアが施されており、見た目が無残であることはありえない。それゆえPTSDリスクの高低と関連が検出されなかった可能性が考えられる。

「死亡時」に居合わせたと回答した遺族の結果を図5-4-6に示している。分析可能データ数は、再体験401、回避行動407、過覚醒405、不適応414であった。再体験 ($t[399]=1.6$, $p=0.11$)、回避行動 ($t[405]=0.8$, $p=0.42$)、過覚醒 ($t[403]=0.4$, $p=0.71$)、不適応 ($t[412]=0.5$, $p=0.62$) のいずれにも有意差はなかった。死亡時に居合わせたということは、まさに最期の別れが可能であったことを意味する。日本文化において喪の作業が死別後の精神症状や心理反応を緩和するとの古い知見がある (Yamamoto, Okonogi, Iwasaki, & Yoshimura, 1969)。ただし喪の作業が本当に遺族にとって緩和効果があるのかを調べたStroebe and Stroebe (1991) によると、抑うつ症状に関して喪の作業を行った者と行わなかった者とで差異はなかった。しかし実施の有無ではなく、どのような喪の作業であったかによって、死別後18ヶ月間にわたる遺族の適応に差異が認められた。ただし本書の調査に関しては、死亡時に最期の別れができたこととPTSDリスクの高低には関連がなかったものと考えられる。

「死亡後」に会ったと回答した遺族の結果を図5-4-7に示している。分析可

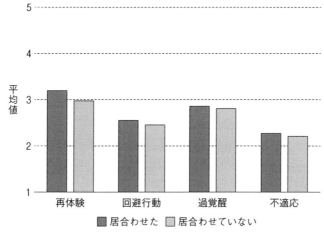

図5-4-6 死亡時に居合わせたことの影響

能データ数は，再体験401，回避行動407，過覚醒405，不適応414であった。再体験（$t[399]=2.9, p=0.01$）のみに有意差があり，回避行動（$t[405]=0.6, p=0.54$），過覚醒（$t[403]=1.2, p=0.24$），不適応（$t[412]=0.1, p=0.96$）には有意差がなかった。死亡後に会ったということは，別れの儀式を遂行できなかった可能性がある。ただし本書の調査では，死別に関して複数回答を認めている。それゆえ，死亡時に病院の臨床に寄り添いつつ，死亡後にも葬儀で「会った」と回答した遺族がいた可能性も高い。そうであれば，PTSDリスクの高低と死亡後に会ったとの回答が関連しなかった結果も了解しやすい。

「解剖後」に会ったと回答した遺族の結果を図5-4-8に示している。分析可能データ数は，再体験401，回避行動407，過覚醒405，不適応414であった。再体験（$t[399]=1.1, p=0.27$），回避行動（$t[405]=0.9, p=0.39$），過覚醒（$t[403]=0.7, p=0.46$），不適応（$t[412]=0.8, p=0.40$）といずれの症状にも有意差はなかった。解剖後に会ったということは，少なくとも解剖された遺体を目の当たりにしたことを意味する。愛する身内の死は，それだけでも痛ましく苦悩に満ちているが，加えて遺体を解剖されたことによる遺族の心境は極めて複雑である。司法手続きに則っており法的に問題性はないものの，死亡者の身体から最後の真実を検出し，死因を特定するためとはいえ，死後に家族が解剖されることを躊躇わずに受け容れることは難しい。しかし遺族感情への配慮という点では，エン

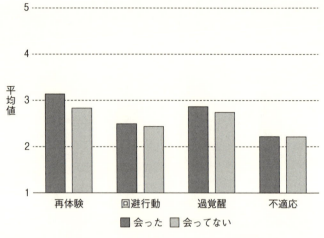

図5-4-7 死亡後に会ったことの影響

バーミングを施すなど，法医実務者側にも解剖に際してできることはある。Palermo and Gumz（1994）は悲嘆反応の遅れていた2つの事例を通してエンバーミングに対する遺族感情を記述している。死の現実を受容しがたい現代社会において，エンバーミングは遺体を自然な形に戻す役割を担うものの，生き残った遺族にとっては，身内に対する「最後の暴行」とも思われるため，その心理反応には配慮する必要があると述べられている。しかし本研究において，解剖後に会った，つまり解剖後の遺体と再会したことと，PTSDリスクの高低は関連しておらず，必ずしも解剖後の遺体との再会が悪影響を与えると断定することはできない。Sullivan and Monagle（2011）は子どもの死後，解剖に附された遺族親53名に調査を実施し，90％の親が子どもの死因を明らかにすることに意義を認め，41％の親は子どもを喪った後の人生を送るにあたり役に立ったと回答している。現代社会では，かつて考えられていたほどに，遺族の精神症状や心理反応に解剖が悪影響を与えるとはいえないものと推定される。

　解剖後の遺体との再会による全体的な効果はないことが明らかとなった。しかし遺族の多様性を考慮すると，解剖後の再会は他の属性と交互作用している可能性がある。そこで各変数と「解剖後」に再会したかどうかの二要因計画に基づき，4つの症状尺度を従属変数とした分散分析を実行した。

　性別　再体験の分析可能データ数は400であった。分散の等質性は維持されて

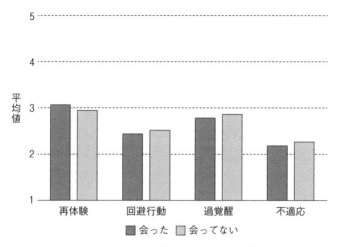

図5-4-8　解剖後に会ったことの影響

いたが，交互作用は有意とならなかった（$F[1, 396] = 0.7$, $p = 0.41$）。回避行動の分析可能データ数は407であった。分散の等質性が維持されておらず，交互作用も有意とならなかった（$F[1, 403] = 3.1$, $p = 0.08$）。過覚醒の分析可能データ数は405であった。分散の等質性が維持されておらず，交互作用も有意とならなかった（$F[1, 401] = 0.6$, $p = 0.46$）。不適応の分析可能データ数は414であった。分散の等質性が維持されておらず，交互作用も有意とならなかった（$F[1, 410] = 1.4$, $p = 0.24$）。性別と「解剖後」に遺体と再会することの交互作用はなく，男性と女性で効果に違いはない結果であった。

　職業　再体験の分析可能データ数は364であった。分散の等質性は維持されていたが，交互作用は有意とならなかった（$F[1, 360] = 0.2$, $p = 0.65$）。回避行動の分析可能データ数は369であった。分散の等質性が維持されておらず，交互作用も有意とならなかった（$F[1, 365] = 0.3$, $p = 0.60$）。過覚醒の分析可能データ数は369であった。分散の等質性は維持されていたが，交互作用は有意とならなかった（$F[1, 365] = 0.1$, $p = 0.76$）。不適応の分析可能データ数は376であった。分散の等質性は維持されていたが，交互作用は有意とならなかった（$F[1, 372] = 0.2$, $p = 0.69$）。職業と「解剖後」に遺体と再会することの交互作用はなく，有職と無職で効果に違いはない結果であった。

　現在の生活形態　再体験の分析可能データ数は388であった。分散の等質性は

維持されていたが，交互作用は有意とならなかった（$F[1, 384]=2.1$, $p=0.15$）。回避行動の分析可能データ数は395であった。分散の等質性は維持されていたが，交互作用は有意とならなかった（$F[1, 391]=0.5$, $p=0.47$）。過覚醒の分析可能データ数は393であった。分散の等質性は維持されており，交互作用が有意であった（$F[1, 389]=5.1$, $p=0.02$）。一人暮らしの遺族では，解剖後に遺体と再会することで過覚醒症状が低減した。不適応の分析可能データ数は402であった。交互作用は有意であったが（$F[1, 398]=4.4$, $p=0.04$），分散の等質性が維持されていなかった。不適応症状は分析の前提条件が満たされなかったが，過覚醒症状には現在の生活形態と「解剖後」に遺体と再会することの交互作用があった。家族と暮らす遺族にはなかった過覚醒を緩和する効果が，一人で暮らす遺族には認められた。「解剖後」の遺体と最期の別れをすることが，一人で暮らす遺族にとって喪の作業となり，自律神経系の安定化に繋がったのかも知れない。ただし，一人暮らしの遺族が過覚醒症状を緩和させたメカニズムを「解剖後」の遺体との再会のみから説明することは難しく，さらなる調査の必要性が示唆される結果であった。

生前の同居 再体験の分析可能データ数は394であった。分散の等質性は維持されていたが，交互作用は有意とならなかった（$F[1, 390]=2.8$, $p=0.10$）。回避行動の分析可能データ数は399であった。分散の等質性は維持されていたが，交互作用は有意とならなかった（$F[1, 395]=1.4$, $p=0.24$）。過覚醒の分析可能データ数は395であった。分散の等質性は維持されていたが，交互作用は有意とならなかった（$F[1, 391]=1.1$, $p=0.29$）。不適応の分析可能データ数は403であった。分散の等質性が維持されておらず，交互作用も有意とならなかった（$F[1, 399]=2.7$, $p=0.10$）。生前の同居と「解剖後」に遺体と再会することの交互作用はなく，生前に同居あるいは別居であったかによる効果の違いはなかった。

年齢 年齢は量的変数であるため共変量としてモデルに組み込み，「解剖後」の再会が有意となるかを検定した。再体験の分析可能データ数は401であった。共分散分析の結果は有意とならなかった（$F[1, 398]=1.2$, $p=0.28$）。回避行動の分析可能データ数は407であった。共分散分析の結果は有意とならなかった（$F[1, 404]=0.5$, $p=0.49$）。過覚醒の分析可能データ数は405であった。共分散分析の結果は有意とならなかった（$F[1, 402]=0.6$, $p=0.44$）。不適応の分析可能データ数は414であった。共分散分析の結果は有意とならなかった（$F[1, 411]=$

0.6, $p=0.44$)。総じて,年齢を考慮しても「解剖後」の再会は遺族の PTSD リスクに影響していなかった。

続柄 再体験の分析可能データ数は395であった。分散の等質性は維持されていたが,交互作用は有意とならなかった($F[5, 383]=0.8$, $p=0.56$)。回避行動の分析可能データ数は401であった。分散の等質性は維持されていたが,交互作用は有意とならなかった($F[5, 389]=1.2$, $p=0.31$)。過覚醒の分析可能データ数は398であった。分散の等質性は維持されていたが,交互作用は有意とならなかった($F[5, 386]=1.2$, $p=0.33$)。不適応の分析可能データ数は406であった。交互作用は有意であったが($F[5, 394]=2.3$, $p=0.04$),分散の等質性が維持されていなかった。不適応症状に関して,分析の前提条件が満たされていなかったことを除くと,続柄と「解剖後」に遺体と再会することの交互作用はなく,死亡者との関係性による効果の違いはなかった。

A1基準 再体験の分析可能データ数は401であった。分散の等質性は維持されていたが,交互作用は有意とならなかった($F[1, 397]=0.6$, $p=0.44$)。回避行動の分析可能データ数は407であった。分散の等質性は維持されており,交互作用が有意であった($F[1, 403]=17.2$, $p<0.001$)。直接体験の遺族では「解剖後」の遺体と再会することで症状が低減していた。過覚醒の分析可能データ数は405であった。分散の等質性は維持されており,交互作用は有意であった($F[1, 401]=6.6$, $p=0.01$)。直接体験の遺族では「解剖後」の遺体と再会することで症状が緩和していた。不適応の分析可能データ数は414であった。分散の等質性が維持されており,交互作用は有意であった($F[1, 410]=8.9$, $p=0.003$)。直接体験の遺族では「解剖後」の遺体と再会することで症状が軽減していた。再体験を除く3つの症状に関して,事件や事故を直接体験していた遺族では,解剖後の遺体と再会することでPTSD症状が緩和していた。しかし間接体験の遺族にそうした効果はなかった。

直接体験の遺族は,死亡者が事件や事故に巻き込まれた瞬間にその場に居合わせていた者である。その意味では,死因がはっきりしており解剖の必要性を最も感じにくい遺族と考えられる。それにもかかわらず,解剖後の遺体と向き合うことがPTSD症状を軽減させていた理由は容易に説明できない。トラウマを直接体験したことによる衝撃が大きく,解剖後であっても遺体を最期まで看取ったことが心の安定に寄与したのかも知れない。しかし,むしろ解剖が実施されたこと

に対する違和感や納得のできなさを抱えていてもおかしくないため，本書の分析結果からこの点を明瞭に説明することは難しい。いずれにせよ，遺族が身内の死を直接体験したのか間接的であったのかを考慮することが，PTSDの症状緩和に繋がる可能性が示唆されたことは，法医学実務において有益な知見であり，心理支援を検討する際の礎石となりうる。

死別後期間 死別後期間は量的変数であるため共変量としてモデルに組み込み，「解剖後」の再会が有意となるかを検定した。再体験の分析可能データ数は398であった。共分散分析の結果は有意とならなかった（$F[1, 395]=1.4, p=0.24$）。回避行動の分析可能データ数は404であった。共分散分析の結果は有意とならなかった（$F[1, 401]=0.6, p=0.44$）。過覚醒の分析可能データ数は402であった。共分散分析の結果は有意とならなかった（$F[1, 399]=0.5, p=0.46$）。不適応の分析可能データ数は411であった。共分散分析の結果は有意とならなかった（$F[1, 408]=0.8, p=0.37$）。総じて，死別後期間を考慮しても「解剖後」の再会は遺族のPTSDリスクに影響していなかった。

死因 再体験の分析可能データ数は396であった。分散の等質性は維持されていたが，交互作用は有意とならなかった（$F[1, 392]=2.1, p=0.15$）。回避行動の分析可能データ数は403であった。分散の等質性は維持されていたが，交互作用は有意とならなかった（$F[1, 399]=0.8, p=0.38$）。過覚醒の分析可能データ数は400であった。分散の等質性は維持されており，交互作用が有意であった（$F[1, 396]=4.9, p=0.03$）。病死・自然死の遺族では「解剖後」の遺体と再会することで症状が低減していた。不適応の分析可能データ数は409であった。分散の等質性が維持されていたが，交互作用は有意とならなかった（$F[1, 405]=3.7, p=0.06$）。過覚醒症状については，病死・自然死の遺族において，解剖後の遺体と再会することでPTSD症状が緩和していた。しかし"暴力死"の遺族にこうした効果はなかった。

本書の調査における病死・自然死の遺族とは，解剖によって死亡者の死因が病死・自然死であると究明された者である。なかには最愛の家族を喪った後，死因が特定されるまでに時間がかかった遺族もいるかも知れない。そうであれば，解剖結果が安堵に繋がり，解剖後の遺体と再会することで症状が緩和されたことも了解できる。逆に言うと，"暴力死"による死因が判明した場合，解剖後の遺体と再会するだけでは症状の増減に影響しないのかも知れない。死因が他殺や自殺

などの"暴力死"だと知った遺族が，大きな衝撃を受けてPTSDリスクを高めるとすれば，そこに遺体との再会が効果を持たなかったとしても無理はない。"暴力死"の死因に固執するあまり，最期の喪の作業が十全に機能しなかったものと推察される。それに比較すると，喪失自体の悼みは残るものの，病死・自然死であったと告知されることで死因に固執することなく，喪の作業に取り組むことができた可能性も考えられる。いずれにせよ，解剖後の遺体と遺族を再会させる際に死因を考慮しておくことは有益かも知れない。ただし，なぜ過覚醒症状にのみ有意な交互作用が検出されたのかは，今後も追跡していく必要がある。

III 部：総合議論

　II 部では各種の分析を通していくつかの知見が明らかとなった。III 部では，こうして得られた知見の数々を整理しながら，被害者遺族における PTSD について考察した。特に，①死別反応，②司法解剖，③心理支援の観点から考察を深めた。

6章:知見の総括

1)知見の整理

　本書ではアンケート調査で得られたデータを余すところなく分析した。アンケート用紙に盛り込まれた32変数は,少なくとも1回以上分析に用いられた。それゆえさまざまな角度からの分析結果が得られており,Ⅱ部で記述した知見は拡散している。本章では,Ⅱ部で見出した知見を整理し,少数のポイントに絞って考察することにした。そこで考察を進める前に,本書の分析で得られた数々の知見をまずは表6-1-1にまとめて整理した。

　本書ではすべての知見の前提となる方法論的妥当性を最初に検証した。本書はトラウマ,とりわけPTSDに係る知見を紡ぎ出している。ところが本書の研究で用いた質問紙がそもそも信頼性と妥当性を備えていない尺度であれば,すべての知見は無に帰すことになる。そのため方法論的な妥当性は実質的な知見を成立させる必要条件である。計量心理学の観点から,心理尺度は信頼性と妥当性によって品質を問われる。信頼性とは再現性のことであり,尺度得点の安定度を意味する。本書の調査で使用した質問紙尺度のα係数は下位症状すべてにおいて0.80以上であり,十分な信頼性を備えていると判断できた。妥当性とは尺度得点による推論が意味を持つ程度のことであり,とりわけ構成概念妥当性といわれる理論的基盤が重要となる。本書の調査で使用した質問紙尺度はPTSDの測定を意図しているため,当時の診断基準を登載したDSM-Ⅳの理論構造に合致していなければ妥当性がないと判定される。確認的因子分析による結果は,3つの主要症状と不適応状態を1つのPTSD因子から説明できるモデルを支持した。データとモデルの適合度指標も十分な値を示したことから($CFI>0.95$,$RMSEA<0.06$),本書の調査研究で用いた心理尺度はPTSD測定という意味で妥当性を備えていると考えられた。したがって心理尺度の分析を通じて,方法論的な前提条件は満たされたものと判断できた。

表6-1-1　II部で分析した知見の整理

	知見
尺度	
信頼性	4症状ともα＞.80
妥当性	PTSD因子から4症状が生起
変数	
PTSDリスク	高（23.1％），低（69.3％）
性別	女性＞男性
職業	有職＞無職（再体験）
現在の生活形態	n.s.
生前の同居	同居＞別居
会合頻度	再体験，過覚醒，不適応で相関
年齢	40歳未満＞40歳以上
続柄	配偶者・親＞他
現場認知	n.s.
現場訪問	居合わせた・普段から行く＞他
A1基準	直接体験＞間接体験
死別後期間	n.s.
死因	n.s.
下位分類	他殺＞事故（回避行動）
感情語	「怒り」・「腹立たしい」＞「つらい」・「悔しい」
自由回答	回答記入＞無回答
解剖後の再会	一人暮らしの遺族（過覚醒），直接体験の遺族（回避行動・過覚醒・不適応），病死・自然死の遺族（過覚醒）

　前提条件が満たされていることを確認できたため，各変数につき，1つずつ分析を進めた。まず本書の調査対象遺族において，PTSD診断に合致する高リスク群は23.1％の出現率であった。これは一般人口中における生涯有病率をはるかに上回るものの，犯罪の直接的な被害者が抱えるPTSD罹患率よりは低かった。被害者遺族が一般人よりはPTSDを抱えているが，被害者本人ほどではないことを物語っている。たとえばPTSD高リスク群が全体の80％以上に認められるようなことがあれば，明らかに調査対象が偏っており，調査方法自体に疑問が残る知見となってしまう。その意味では，過去の知見に鑑みて，本書の分析結果は概ね了解できる範囲の出現率であり，調査対象が偏ったサンプリングではなかったものと考えられる。

　性別に関する知見はかなり頑健である。さまざまな解析法で性別の効果が検出

された。男性に比較して女性でPTSDの脆弱性が高いという知見，言い換えると，同じトラウマに曝露されても女性の方がPTSDを発症しやすいという結果は一貫していた。過去の研究とも合致しており，この点でもサンプリングに関する妥当性が示されたと考えられる。職業に関する知見は脆弱であった。PTSDとの関連を示したのは，再体験症状に限ってであり，職に就いていない者よりも仕事を持っている者で症状が重くなっていた。この知見は性別要因を統制した上での結果であるため，調査対象のなかで女性に無職者が多かったことは関係がない。この結果によると，目の前の作業に専心すればトラウマ記憶を忘れられるわけではなく，別の何かに熱中したところで愛する家族を喪った悲しみからは容易に逃れられず，不意に思い出してしまうことは珍しくないと推察できる。現在の生活形態とPTSDとの関連では「解剖後」の遺体と再会することとの交互作用が有意となった。死別後，一人暮らしなのか家族と暮らしているのかは，被害者遺族が抱えるPTSDという観点からは関係ないものと考えられる。しかし一人暮らしの遺族では「解剖後」の遺体と再会することで症状緩和が生じていた。過去の生活形態，すなわち生前の同居は有意な関連を示した。死亡者と生前に同居していた遺族は，別居していた遺族よりもPTSDに悩まされやすい。別居していた遺族であっても，会合頻度が高ければPTSDリスクが高まることから，死別後のトラウマは死亡者との関係性，とりわけ親密性によって異なってくることがわかる。親密な間柄の身内が亡くなることで，遺された者に精神症状や心理反応が出現する可能性は高まるものと推察される。

　年齢とPTSDとの関連性はほとんど検出されなかった。唯一確認されたのは，決定木分析が示した40歳未満の者が40歳以上の者よりもPTSDリスクが高まるとの結果であった。しかもこの結果は続柄が親か配偶者ではない場合の第2分岐点であった。それゆえ被害者遺族においては，高齢であるか若年であるかによって大きくPTSDリスクが変わらないものと推量できる。ただし続柄には明確な関連が認められた。他の関係性に比較して，親か配偶者であることは高リスクであった。子どもを喪った親ならびに最愛の配偶者を亡くした遺族に最も多くPTSD症状が認められた。現場認知に関して明確な関連は得られなかったが，現場訪問ではPTSD症状との有意な関連があった。事件や事故があった現場を知っている者では，そこに「居合わせた」場合だけでなく「普段からよく行く場所であった」者もPTSDリスクが高かった。ただしこの分析結果は症状ごとに異なって

おり頑健な知見ではなかった。A１基準との関連は性別よりも強く，最も頑健な分析結果であった。事件や事故で身内を喪った際，その状況を一緒に経験した直接体験の遺族は，最愛の者が亡くなったことを伝聞で知った間接体験の者よりも圧倒的に PTSD リスクが高かった。A１基準は診断の必要条件であり，その意味では当然の結果である。A１基準との強い関連が認められたことは，研究自体の高い妥当性を示しており，心理尺度やサンプリングなどが適切であったことの証左である。さらに先行研究との合致という点でも知見の頑健性が示されており，被害者遺族であったとしても，やはりトラウマを直接体験することの衝撃は極めて大きいといえる。死別後期間は PTSD リスクといかなる関連も示さず，単純な時間の推移だけで被害者遺族の傷が癒えることを期待できないことが示された。

　死因は本書の研究で最も関心の高い変数であった。しかし"暴力死"か病死・自然死かという死因の違いは，本書の対象遺族においては大きな違いとならなかった。他殺，自殺，事故などの死因を細分化した分析からは，続柄との関連が部分的に認められたものの，頑健な知見とはならなかった。しかしながら解剖後に遺体と再会することを含めた交互作用の分析によると，病死・自然死の場合に遺体との再会が PTSD 症状（過覚醒）を緩和する可能性が示され，逆説的に"暴力死"による衝撃の強さが推定された。被害者遺族が記した感情語を分析した結果によると，「つらい」・「悔しい」という標準的な反応を示した遺族に比較して，「怒り」や「腹立たしさ」を表出した遺族で PTSD 症状が重かった。このことから，遺族の感情にも焦点を当てて支援を考える必要性が示されたものと考えられる。感情の表出はそれ自体に心理的作用があり，自由記述欄に要望を記入した遺族は，無回答の者よりも PTSD リスクが高かった。

　以上がⅡ部の分析結果から得られた主要な知見である。いくつもの解析で一貫して得られた頑健な知見から，ある１つの症状にある１つの分析でのみ検出されるような脆弱な結果に至るまでさまざまな知見があった。これまでに著者らは，いくつかの学術論文と学会発表を通して，調査結果に関する中間報告を行ってきた。以下では，まず過去の中間報告と本書の最終結果との知見を比較し，続いて本書で得られた知見を基に，①死別反応，②司法解剖，③心理支援をキーワードに考察した。

2）過去の報告との比較

過去に報告済みの学術論文10本と学会発表5本の知見を本書の最終結果と比較した。中間報告は，測定尺度の計量心理学的特性として因子構造を分析した報告，調査した変数を多変量解析により包括的に分析した報告，特異的に焦点化した変数の関連を調べた報告に分類できる。

因子構造の分析 緒方・西・前田（2006）では2005年までのデータが分析された。調査した240名から有効回答となった231名分が対象となった。PTSD 高リスクと判定された遺族は46名（19.9％）であった。探索的因子分析を繰り返し，20個の質問項目から14個が抽出され，3因子構造が同定された。①不適応，②再体験，③回避行動の3つの因子が得られ，独立した因子としての過覚醒症状は現出しなかった。本書では探索的な分析ではなく，検証的な因子分析によって仮説通りの因子構造が見出されるのかを調べた。さらに，不適応症状を PTSD の直接症状と捉えるのか，3つの中核症状の結果と捉えるのか，比較分析によって検証した。すなわち，本書の分析はこの時点での報告で探索した因子構造を精緻化したものであり，理論モデルとの比較検証も行われたことになる。最終的に，理論通りの中核症状が3つの独立した因子として想定でき，不適応症状はその結果と位置付けることができた。したがって本書の分析はこの知見を踏まえつつ，それを精緻化し，拡張できたものと考えられる。

被害者遺族の下位集団における PTSD 症状の因子不変性を確認する目的で，緒方・石川・道上・西・前田（2010）では2009年までに調査した全データが分析された。有効回答となった415名が分析された。①性別，②年齢層，③死別後期間別に多母集団同時分析で因子構造の不変性を検証した。因子不変性は，①性別，②年齢層別，③死別後期間別のいずれも成立していた。因子平均を調べた結果，②年齢層別，③死別後期間別では PTSD 症状の差異が観られなかったものの，①性別には差異があり，女性の PTSD 症状が重かった。この分析は本書と同じく調査の最終段階に達していたため，本書では改めて分析し直していない。

包括的な分析 緒方・西・前田（2003）の報告では2002年までのデータが分析された。調査した146名から有効回答となった143名分が分析対象にされた。PTSD 高リスクと判定された遺族は30名（21.0％）であった。本書で実施したロジスティック回帰分析と類似の数量化Ⅱ類という解析が行われ，①死因，②職業，

③続柄の3つがPTSDのリスクに関連することが明らかとなった。本書の分析との相違点は，①解析手法，②データ数，③分析変数，④分析結果の4つである。解析手法は，日本で開発された数量化Ⅱ類から国際的に使用頻度の高いロジスティック回帰分析へと本書では変更された。データ数は，143名から333名に増加している。分析変数には，現場訪問に係る変数が含まれていなかったが本書ではA1基準として含めた。死因は個々の死因分類が変数として投入されていたが，本書では"暴力死"か否かという上位概念として分析した。その結果，本書のロジスティック回帰分析ではA1基準のみが有意であったのに対して，この時点の報告では3つの変数が考察対象となっている。しかし数量化Ⅱ類はそもそも統計的な有意検定ができず，変数はレンジとカテゴリウェイトという統計量の絶対値に基づいた主観的評価となっていた。こうした点が本書の分析結果との相違を生じさせたものと考えられる。

　PTSDリスクの高／低に対する各種説明変数の影響を調べる目的で，Ogata and Maeda (2011) では2009年までに収集された全データが分析された。欠損値のあるデータを除外した389名に対して階層的ロジスティック回帰分析が実行された。同様に，Ogata, Nishi, Michiue, Ishikawa, and Maeda (2011) では2009年までに収集された全データに対して判別分析が実行された。緒方・西・前田 (2003) による数量化Ⅱ類の結果との比較を通して，親子あるいは夫婦関係，女性，死因が不明であることがPTSDリスクを高めていることが示唆された。さらにOgata, Michiue, and Maeda (2014) では2009年までに収集された424名分すべてのデータが分析され，類似の解析手法である①カテゴリカル回帰分析，②ロジスティック回帰分析，③決定木分析による結果が比較された。これらの報告を受けて，Ogata, Michiue, Yamazoe, and Maeda (in Press) では，本書と同様に2009年までに調査したすべてのデータが分析された。とりわけ，カテゴリカル回帰分析と決定木分析を用いた結果が報告された。分析結果は，①年齢が50代，②親子あるいは夫婦関係，③死因が他殺であることによりPTSDリスクが高まることを示していた。この分析は本書と同じく調査の最終段階に達していたため，本書では改めて分析し直していない。

　特異的な分析　緒方・西・前田 (2007) では2006年までのデータが分析された。調査した254名から感情語の記入があった234名が対象となった。この報告では，被害者遺族の感情表出とPTSD症状との関連が調べられた。抽出された感情語28

語を数量化Ⅲ類により3次元空間に布置し，クラスタ分析によって遺族を4分類した。①否認群，②謝罪・心残り群，③怒り群，④中核群と命名された。群間を比較すると，謝罪・心残り群よりも中核群において回避行動症状が重かった。この分析に続けて，緒方・西・前田（2008）では2006年までのデータが分析された。調査した292名が対象となった。PTSD高リスクと判定された遺族は57名（19.5％）であった。遺族の気持ちが表現された単語を整理して34の感情語を抽出した。感情語の記載があるかないかを評定し直して，非計量主成分分析により2つの主成分を導出した（分散説明率38.2％）。2つの主成分は，①誰の気持ちを表現しているかを示す「主客の指向性」，②何に対する気持ちを表現しているかを示す「対象の指向性」と解釈された。主成分得点に対するクラスタ分析により被害者遺族は4群に分類された。①「死因固執群」，②「死亡者追悼群」，③「自己言及群」，④「自己追悼群」と命名された4群間でPTSD症状得点には有意差が検出された。全般的に死因固執群と自己言及群の症状が重かった。なおこの報告では質問紙尺度の信頼性と妥当性も検証されており，クロンバックのα係数は概ね0.80以上，中核症状による3因子構造の適合度は$GFI>0.90$，$RMR<0.10$と高く，不適応項目にも一次元性が確認された。本書においても，①質問紙尺度に対して計量心理学的特性を確認的因子分析で検証しており，②感情語の分析では多重対応分析とクラスタ分析により，やはり死別を受容できない群でPTSD症状が重かったことから，この知見を精緻化した上で追試・再現したものと考えられる。

　司法解剖後の遺体と再会することが被害者遺族のPTSD症状に影響するのかを調べる目的で，Ogata, Nishi, and Maeda（2008）では2007年までのデータが分析された。この報告に引き続き，Ogata, Nishi, and Maeda（2009）で分析を精緻化した報告を行った。調査した357名が対象となった。A1基準に該当した62名と該当しなかった295名が比較された。多母集団同時分析により，中核3症状の背後にPTSD因子を想定し，因子と司法解剖後の遺体と再会することとの関連を分析すると，A1基準に該当しなかった遺族では相関していなかったものの（$r=-0.01$），A1基準に該当した遺族においては司法解剖後の遺体と再会することがPTSD症状を緩和させていた（$r=-0.43$）。本書では，解剖後に死亡者と再会したことの影響を平均値の比較に基づいて分析したところ，有意な関連はなかった。ただし各変数との交互作用を確認した分析からは，A1基準に合致した遺族で解剖後の再会が緩和効果を示しており，この知見を部分的に再現している。

司法解剖に対する遺族の要望を分析する目的で、緒方・西・前田（2010）では2007年までのデータが分析された。調査した368名から自由記述欄に回答のあった51名が対象となった。テキストマイニングにより遺族の回答を解析し、5回以上出現した単語に対する多次元尺度構成法の結果から、11の主題が抽出された。さらに主題に対する多次元尺度構成法を基にクラスタ分析を行い3つのカテゴリを導出した。「解剖への苦情」、「解剖結果の説明要求」、「法医学者への感謝」という主題から構成されたカテゴリは司法解剖関連主題と解釈された。特に「法医学者への感謝」はＡ１基準を満たす遺族に多く観られた。本書でも改めてテキストマイニングによる分析を行ったところ、類似のキーワードが抽出されたものの、本書での分析に際しては、そもそも自由回答のあった遺族にPTSD高リスク者が多かった。

病死・自然死と比較して、自殺や他殺による死別がPTSD症状に及ぼす影響を調べる目的で、Ogata, Ishikawa, Michiue, Nishi, and Maeda（2011）では、本書と同様に2009年までに調査したデータから、死因別に、自殺51名、他殺49名、病死・自然死56名が抽出された。3つの中核症状と不適応症状に対して、①親子、②夫婦、③その他という関係性も同時に分析した。再体験症状に有意な分析結果はなかった。病死・自然死に比較して他殺の場合、その他の親族では回避症状が重篤化していた。過覚醒と不適応症状は、その他の親族よりも夫婦関係で重かった。本書では、病死・自然死との比較に、他殺、自殺、事故、不詳の外因を含めた分析を新たに実行したが、有意な差異は検出されなかった。この報告は調査の最終時点でのデータを利用していたため、本書では改めて分析しなかった。

Ａ１基準と"暴力死"によるPTSD症状への影響を調べる目的で、Ogata, Michiue, Yamazoe, and Maeda（2016）では、本書と同様に2009年までに調査したデータから欠損値のない367名が抽出された。中核3症状の背景にPTSD因子を想定したモデルから因子得点を導出して目的変数とした。死因とＡ１基準に死別後期間を組み合わせて一般線形モデルに投入し、結果的に死因とＡ１基準が独立に影響しているモデルが選択された。死因の影響は有意ではなくＡ１基準の主効果のみが有意となったが、組み合わせから4分割後に比較すると、"暴力死"を間接体験した遺族よりも"暴力死"を直接体験した遺族で症状が重かった。この分析は本書と同じく調査の最終段階に達していたため、本書では改めて分析し直さなかった。

なお緒方・石川・道上・西・前田（2014）では新しい分析は実施せず，既に発表してきた知見を整理する形で論じた。したがって本書のように再分析はしていないが，本書と同じく総括的な内容となっている。

3）死別反応

本書では被害者遺族に生じる PTSD に焦点化して研究を実施してきた。当然ながら遺族に生じる精神症状・心理反応は PTSD だけではない。不安障害やうつ病など，他の精神疾患もさることながら，愛する家族を喪うという体験，すなわち"死別"という体験がもたらす影響を勘案することが重要である。なぜなら PTSD を含めて各種の精神疾患は，遺族によって発症したりしなかったりするが，定義上，死別を経験しない「遺族」はおらず，死別反応はすべての遺族に共通して生じるからである。ただし，死別をトラウマ体験として記述できるかについての長い議論は未だ決着していない。

一方の極に，死別体験は確かにストレスにはなるものの，一般的な体験であることから PTSD には該当しないという考え方がある（佐藤, 2001）。PTSD とは個の安全性（個人の生命）が脅かされる事態に直面した人間が，その反応として身体・精神症状を呈する状態であると説明する北見（2002）も同様に，被害者遺族の場合，喪の作業は長引くだろうが，外傷体験から考えて自分自身の安全性が脅かされてはいないため PTSD ではないと述べている。小西（2001）も，犯罪による「被害の苦痛と PTSD の診断は重なることもあるが，別のものであることを認識する必要」があり，PTSD と死別反応との関係を明らかにすることが大切であると指摘している。しかし他方の極には正反対の捉え方もあり，Simpson（1997）は，正常とされる死別後の心理反応と PTSD 症状を詳細に比較し，両者が極めて類似していることを指摘している。本邦における交通事故の被害者遺族に対する佐藤（1998）の調査結果では，対象となった遺族の58.8%が PTSD の診断基準を満たしていた。飲酒運転による事故で家族を喪った遺族171名に調査を実施した Sprang and McNeil（1998）では，PTSD 症状は女性によく観られ，犯罪被害者遺族の場合，従来の悲嘆反応だけでは説明できない症状が出現するため，PTSD 概念を積極的に導入する必要があると指摘されている。精神科に通院する外来患者17名の事例を分析した Parkes（1993）によると，殺人被害者の遺族には，PTSD,

不安状態，パニック症候群，強迫性，抑うつの症状が多く認められ，突然の予期しない不遇の死によって，遺族は正常な喪の作業を妨げられ，生き残ったことと故人を守れなかったことへの罪悪感が生じやすい。予期悲嘆（anticipatory grief）を「喪失を予期したときに起こる悲嘆過程」と定義した Lindemann（1944）は，遺族が予め悲嘆の諸相を経験することで，死が現実化したときに悲嘆に伴う諸症状が軽減するという現象を指摘した。突然の予期しない死別を体験したスウェーデン人遺族32名と突然死ではなかった遺族55名を調べた Lundin（1984）は，死別後の2年間と死別前の2年間を比較して，突然死の遺族では精神疾患の罹患率が高かったと報告している。しかし Parkes and Weiss（1983）は，死を予期していた遺族に比較して，愛する家族を突然に喪った遺族の悲嘆反応が激しくなるのは，予期していなかったためではなく，予期された死別よりも突然の死別の方が外傷的だからであると指摘している。こうした知見は死別を PTSD のトラウマ体験と捉えるのかについて議論されているものの結論は出ていない。黎明期に提案された予期悲嘆による理論も死別を説明できず，外傷性，すなわちトラウマと考えられるのか否かの方が遺族の心理反応・精神症状を説明できていたように思われる。

　最新版の DSM-5 には"持続性複雑性死別障害（Persistent Complex Bereavement Disorder）"という項目が設けられ，精神疾患ではないが配慮を要する精神状態として記されている（APA, 2013；髙橋他訳, 2014）。重要な他者を喪った者の10〜12%に自然に回復しない悲嘆症状が出現する。「複雑性悲嘆」や「遷延性悲嘆」と呼ばれた症状であり長期にわたる健康被害をもたらす。通常の死別反応との違いは，持続期間，激しさ，生活への支障具合に現れる。患者は悲嘆反応のために適応を崩し，喪失にいつまでも囚われることになる。死別後半年以上経過しても，死に対する反芻が止まず，死亡者との再会を切望し，死を受容できない状態にあると該当する。①重要な他者との死別，②分離に伴う苦悩，③認知・情緒・行動面での症状，④死別後半年の経過，⑤臨床的な機能不全，⑥うつ病，不安障害，PTSD ではないこと，以上6項目が診断基準として提案されている。ただしまだ科学的根拠が薄い概念であり（Boelen & Prigerson, 2012；Kaplow, Layne, Pynoos, Cohen, & Lieberman, 2012），今後の研究知見の蓄積が俟たれている（Wakefield, 2012）。

　死別後に生じる悲嘆反応は正常な心理反応の1つであるが，喪失にこだわり自

然な回復過程を進めない場合，それを持続性複雑性死別障害として治療対象とすることにも意義はあると思われる。本書はPTSDに焦点を絞って研究してきたが，佐藤（2001）が紹介しているように「悲嘆という観点を用いる死生学とPTSDという観点を用いる精神医学」が，それぞれ独立して遺族の精神症状を研究してきたことの反省から，2つの概念を統一しようという試みも生じている。本書の知見を，死別反応，とりわけ悲嘆反応の観点から理解することも被害者遺族の臨床的な理解にとって有益なものと考えられる。

4）司法解剖

　本書の対象となった遺族はすべて司法解剖が実施されたケースの家族・親族であった。それゆえ「遺族一般」と比較して，知見が導出される過程でサンプリングの影響を受けている。ただし「被害者遺族一般」の代表性がどの程度損なわれているのかは定かではない。事件や事故の被害によって死亡した者がすべて司法解剖を施されるわけではない。その意味では，被害者遺族のなかでも司法解剖を経験したという点が対象となった遺族の特徴である。司法解剖を経験したということは，少なくとも遺体は死因不明な状態で発見されたことになる。したがって遺族側からは，①死因不明な状態から死因が明らかになるという過程を進んだことになる。ところが司法解剖を経験した遺族176名に郵送で質問紙調査を実施したPlattner et al.（2002）によると，遺族の16％が解剖についての情報を提供されていなかった。さらに最愛の身内が②解剖されたことによる衝撃が少なからず遺族の心理反応・精神症状に影響している可能性もある。しかしその衝撃はむしろ肯定的に遺された者の喪の作業を進めうる可能性も指摘されている（Roberts & Fody, 1986）。そして周辺的な影響ではあるが，③司法解剖に係る司法手続きに伴うストレスが何らかの影響を持っていたかも知れない。たとえばWorden（2002）は，事故や殺人の場合，遺族が医学や法律の関係者と関わることが多く，そのことが大きなストレスと緊張をもたらすことがあると指摘している。乳幼児突然死症候群（SIDS）により子どもが死亡した親141名に対して，死後4〜7年経った時点で調査を行ったVennemann, Rentsch, Bajanowski, and Zimmer（2006）では，司法解剖の重要性に関して遺族の83％が肯定的な評価をしていた。遺族が司法解剖を肯定的に捉えるにはその必要性や効用に関する理解が重要となる。遺族の理

解を促進する説明法を導き出すための実態調査として Oppewal and Meyboom-de Jong（2001）は，7人の一般開業医に病理解剖した患者の遺族への調査協力を依頼した。解剖後6ヶ月から1年の遺族12名に半構造化面接法を用いて調査を行った結果，遺族に対して解剖を提案するときの最良の方法は解剖と手術を比較しながら説明することであった。

　被害者遺族が司法解剖をどのように経験したのかを直接的に本書の研究では問うていない。しかし遺族が要望欄に記入した自由回答を分析すると，法医学者に対する感謝も抽出された。全体的に司法解剖自体に否定的な意見は少なかったが，待ち時間，解剖後の遺体のエンバーミング，そして警察からの説明に関しては不満の声もあった。無回答であった者に比較して，自由回答に記入した遺族のPTSDリスクが高かったことから，司法解剖に附随する手続きのどこかで何らかのストレスを被った可能性は否定しきれない。ただし逆にPTSDリスクの高い者だけが自由回答に記入していた可能性もあり，因果関係にまでは言及できない。本書の研究ではもう1つ「解剖後」の遺体と再会するという質問項目を通じて，被害者遺族における司法解剖の影響を間接的に推し量っている。

　解剖後の遺体と再会するか否かは，本書で調査している変数のうち，数少ない動的変数である。動的変数とは研究者によって変化（操作）可能な変数を意味し，逆に静的変数とは変化させることができないかあるいは困難な変数を指している。たとえば性別は静的変数の代表であり，本書の知見でも男性に比較して女性がPTSDに対する脆弱性を有していることが明らかとなった。しかしながらPTSD症状を緩和させるために，女性の遺族を男性に転換させることはできないため，静的変数に関する知見は臨床的に直接的な効果を持たない。ところが「解剖後」の遺体と再会するか否かは，遺族の意向にもよるが，司法解剖に係る法医学実践において操作しうる処置である。たとえば「解剖後」の遺体と再会することが遺族のPTSD症状を緩和することが明らかなのであれば，遺族に知見の説明を行い推奨することができる。最終決定は遺族自身が行うにしても動的変数は変化（操作）可能なので，詳細な説明により何らかの支援に繋がる可能性がある。その意味では，「解剖後」の遺体と再会することにより，①一人暮らしの遺族では過覚醒症状，②事件や事故を直接体験した遺族では，回避行動，過覚醒，不適応症状，③死因が病死・自然死と判明した遺族では過覚醒症状が緩和されるという結果が臨床的にも有益な知見と考えられる。なお「解剖後」の遺体と再会するこ

との影響が過覚醒症状に色濃く現れたことは，最期の別れを遂げることが遺族自身の自律神経機能に作用した可能性が示唆され，興味深い知見であった。

5）心理支援

本邦における被害者遺族への支援はまだ萌芽期にあるといえる。『犯罪被害者等基本法』が2005年4月から施行されており，第14条には「国及び地方公共団体は，犯罪被害者等が心理的外傷その他犯罪等により心身に受けた影響から回復できるようにするため，その心身の状況等に応じた適切な保健医療サービス及び福祉サービスが提供されるよう必要な施策を講ずるものとする。」との記載がある。しかしながら本邦では"犯罪被害者等給付金"に代表されるような経済的支援が先行しており，心理支援は立ち遅れているのが現状である。大和田（2003）は，社会的に犯罪被害者への関心が高まっているにもかかわらず，被害者遺族が経験する苦痛や心身への影響など，心の問題に対する理解は必ずしも進んでいないと指摘し，犯罪で子どもを亡くした遺族57名に対する調査の結果から，引きこもりと事件目撃の有無に関連があると報告している。遺族に特化された心理支援として日本では「グリーフケア」という用語が使われ始めた。ただし英語圏では"grief counseling"，"bereavement counseling"，"grief therapy"という言葉の使用が多い。grief counselingは通常の悲嘆や死別反応も含めた回復のための支援，grief therapyは通常範囲を超えた病的な悲嘆や死別反応の治療を意味するという区分も提案されているが，「グリーフカウンセリング」という言葉が総称として用いられることも多く，本書でもこれを採用する。

総じて，グリーフカウンセリングは，最愛の他者を亡くした後に惹き起こされる悲嘆や喪の作業を克服する手助けを目的とした心理治療である。Lindemann（1944）による報告を皮切りに研究が蓄積されてきたが，グリーフカウンセリングの有効性については賛否両論あり（Jordan & Neimeyer, 2003），いくつかのメタ分析による報告も提出されている。総計2,284名のデータを含めた35の研究からAllumbaugh and Hoyt（1999）は，グリーフカウンセリングの効果は小さいと結論付け（$d=0.43$），特に多くの調査で喪失から支援までの期間が長く，治療を受けていない群であってもわずかながら改善が観られていた。先行する11の研究を調べたKato and Mann（1999）でもグリーフカウンセリングの効果量は小さ

かった（$d=0.11$）。グリーフカウンセリングは病的な悲嘆を示していない一般遺族にはむしろ有害であり，喪の作業が進むのを阻害するという言説が報告され議論が勃興した。過去の知見を整理して，遺族にとってグリーフカウンセリンが有害であるという根拠はないとする主張（Larson & Hoy, 2007），そうした主張を断定するのは時期尚早であるとの反論もある（Bonanno & Lilienfeld, 2008）。さまざまな議論があり結論は出ていないものの，グリーフカウンセリングという技法自体が有効か否かという争点ではなく，遺族，とりわけ被害者遺族が何らかの支援を要する状態であることに対して異議を唱える報告はない。ただし支援の種類が必ずしも専門的である必要はないのかも知れず，交通事故によって配偶者を亡くした遺族40名と子どもを喪った遺族54名に面接調査した Lehman, Ellard, and Wortman（1986）は，遺族にとっての支援を検討し，助言したり回復を奨励したりする支援は役に立たず，類似の状況にいる他者と話をしたり感情を表出したりする支援が役に立つと結論している。

　被害者遺族に対する心理支援はまだ開始されたばかりであり，方法論的にも研究者間での統一見解さえ確立されていない。ただし被害者遺族が特有の精神症状や心理反応を示すことは臨床家にとっては周知の事実であり，本書でも再三示してきたように，さまざまなリスク要因が影響して遺族が苦悩を抱えている現状がある。そのため，グリーフカウンセリングに限らないが，遺族のより良い心理支援を考えていくことが必要であり，さらなる研究知見の報告が俟たれている。

7章：限界と課題

　本書で示した知見の数々は，我が国における被害者遺族のPTSD症状をさまざまな観点から分析した稀有なものである。しかしながら本書で実施した調査研究にもいくつかの限界があり，今後に残された課題も多い。

　まず，本調査の対象である司法解剖例の大部分は必然的に"暴力死"であることから，病死・自然死例との比較は不十分とならざるをえなかった。また，死体検案書の再発行を求めて当該法医学教室を訪れた遺族らの協力を得て行ったアンケート調査であることから，調査の母集団に一定のバイアスがかかっていることは否めないが，このような調査は本邦では他になく，今後の調査の指針として貴重なデータが得られたと考えられる。

　次いで，被害者遺族に生じるさまざまな精神症状のうち，本書で取り扱ったのはPTSDだけであり，この点に係る限界は否めない。各種の症状がどの程度被害者遺族の苦悩に結びついているのか，さらに死別反応から生じた結果として複合された症状は識別可能なのか，まだまだ研究知見の積み上げが必要である。特に，症状が異なれば治療法も異なるため，PTSD以外にもどのような症状が死別から派生するのかを明らかにする必要がある。

　また，診断基準の変更に伴う知見の追試が必要である。本書の知見は研究開始が1999年であったため，典拠したのはDSM-IVである。現在はDSM-5が刊行されており，PTSD概念も少し変更されている。そのため本書で得られた知見がDSM-5の診断基準に即しても再現されるのかを確認することは，知見の頑健性を検証する意味でも重要である。さらに新しい診断基準に含まれた"情緒・認知の問題"が，被害者遺族にも認められるのかは心理支援を考える上で極めて有意義な参照点である。なぜなら，死別反応が病理化していく最大の要因は，遺族が「死」に固執することと推察されるからである。「死」に固執する認知の問題，そして派生する情緒の問題が再帰的に「死」への固執を強めているとすれば，被害者遺族に関して，PTSDの発症メカニズムを説明できるかも知れない。今後の研

究が俟たれるところである．ただしこうした新基準の適用に際しては，測定尺度の改訂も当然必要となる．その意味では DSM-5 の診断基準に沿った PTSD 測定の尺度開発が急務と考えられる．計量心理学的に十分な信頼性と妥当性を備えた測定尺度が構成されて始めて，実証的な知見の生成が可能となるからである．

さらに本書では，心理学的な分析に焦点化したため，広く被害者遺族に生じる不適応を扱い切れていない．たとえばイスラエル人の遺族を追跡調査した Levav, Friedlander, Kark, and Peritz（1988）の研究では，戦争で子どもを亡くした親と事故で喪った親とを比較分析し，一般人と比較して，被害者遺族の死亡率が高まっているという事実はなかったが，夫と死に別れた妻あるいは離婚した母親では死亡率が高かったと報告している．つまり，犯罪や事故で最愛の身内を喪う体験は死亡率などの生物学的あるいは社会学的な水準にまで影響するのである．本書のように心理学的な水準にとどまらず，被害者遺族に生じる不適応を幅広い観点から調べていく必要がある．

最後に，欧米圏では既に有効性に関する議論が応酬されているにもかかわらず，ようやく開始された本邦のグリーフケアに係る知見を集積していくことが必要である．遺族の精神症状・心理反応を調べる研究の最終目標は，最愛の家族を喪ったことで苦しむ遺された者たちの適応向上である．苦しみから解放され，自らの生を見つめ直し，喪った者のいない世界で前向きに生きていくこと，それを支援することが被害者遺族研究の目指すべき到達点であり，本書のように被害者遺族の状態を理解する研究知見は，そうした臨床支援の礎石と位置付けられるものである．

8章：結論

　犯罪や事故といった"暴力死"によって最愛の家族を喪った者が，その死別から受ける影響は計り知れない。犯罪あるいはその疑いゆえに司法解剖に附された故人の遺族らが本書にまとめた調査・研究の対象であった。トラウマに曝されたことから生じるPTSD症状が，被害者遺族を苦しめている実態を描き出すために質問紙調査を実施した。アンケートに回答した被害者遺族424名の貴重なデータを分析し，多くの有意義な知見を導き出した本書は，関連学術領域・実践領野に一定の貢献をするものと結論付けることができる。
　PTSD症状を測定する質問紙を構成し，信頼性と妥当性を確認した知見は計量心理学・臨床心理学に貢献している。トラウマを直接体験していない遺族にもPTSDリスクがあることを示した知見は犯罪学・犯罪心理学への貢献がある。総体としての診断概念だけでなく，PTSDの中核症状を個別に分析した知見は精神医学・臨床心理学にも貢献しうる。被害者遺族の司法解剖への要望を分析した知見ならびに「解剖後」の遺体と遺族を再会させることの影響を調べた知見は法医学実践・グリーフケア実践へ貢献しうるものと考えられる。
　研究の限界を踏まえて残された課題も多いが，総じて，本書の知見の数々は被害者遺族の心理学的理解に貢献したものと結論できる。ただし本邦における被害者遺族支援は始まったばかりであり，今後も引き続き研究知見の蓄積ならびに適切な心理支援の展開が望まれることは論を俟たないところである。

9章：文献と補遺

1節：引用文献

Alderfer,, M. A., Labay, L. E., & Kazak, A. E. (2003). Brief report: Does posttraumatic stress apply to siblings of childhood cancer survivors? *Journal of Pediatric Psychology*, 28 (4), 281-286.

Allumbaugh, D. L., & Hoyt, W. T. (1999). Effectiveness of grief therapy: A meta-analysis. *Journal of Counseling Psychology*, 46 (3), 370-380.

American Psychiatric Association (1994). *Diagnostic and statistical manual of mental disorders (4th ed.)*. Washington, DC: Author.（高橋三郎・大野裕・染矢俊幸（訳）(1995). DSM-IV 精神疾患の分類と診断の手引 医学書院）.

American Psychiatric Association (2013). *Diagnostic and statistical manual of mental disorders (5th ed.)*. Arlington, VA: American Psychiatric Publishing.（高橋三郎・大野裕・染矢俊幸・神庭重信・尾崎紀夫・三村將・村井俊哉（訳）(2014). DSM-5 精神疾患の診断・統計マニュアル 医学書院）.

Amick-Mcmulian, A., Kilpatrick, D. G., & Resnick, H. S. (1991). Homicide as a risk factor for PTSD among surviving family members. *Behavior Modification*, 15 (4), 545-559.

Anders, S. L., Frazier, P. A., & Frankfurt, S. B. (2011). Variations in Criterion A and PTSD rates in a community sample of women. *Journal of Anxiety Disorders*, 25 (2), 176-184.

Andrews, P. J., Sleeman, D. H., Statham, P. F., McQuatt, A., Corruble, V., Jones, P. A., Howells, T. P., & Macmillan, C. S. (2002). Predicting recovery in patients suffering from traumatic brain injury by using admission variables and physiological data: A comparison between decision tree analysis and logistic regression. *Journal of Neurosurgery*, 97 (2), 326-336.

Applebaum, D. R., & Burns, G. L. (1991). Unexpected childhood death: Posttraumatic stress disorder in surviving siblings and parents. *Journal of Clinical Child Psychology*, 20 (2), 114-120.

Armour, C., O'Connor, M., Elklit, A., & Elhai, J. D. (2013). Assessing posttraumatic stress disorder's latent structure in elderly bereaved European trauma survivors: Evidence for a five-factor dysphoric and anxious arousal model. *Journal of Nervous and Mental Disease*, 201 (10), 901-906.

Armstrong, D., & Shakespeare-Finch, J. (2011). Relationship to the bereaved and perceptions of severity of trauma differentiate elements of posttraumatic growth. *Omega (Westport)*, 63 (2), 125-140.

Asmundson, G. J. G., Stapleton, J. A., & Taylor, S. (2004). Are avoidance and numbing distinct PTSD symptom clusters? *Journal of Traumatic Stress*, 17 (6), 467-475.

Asukai, N., Kato, H., Kawamura, N., Kim, Y., Yamamoto, K., Kishimoto, J., Miyake, Y., Nishizono-Maher, A. (2002). Reliability and validity of the Japanese-language version of the Impact of Event Scale-Revised (IES-R-J): Four studies on different traumatic events. *Journal of Nervous and Mental Disease*, 190 (3), 175-182.

Asukai, N., Tsuruta, N., & Saito, A. (2011). Pilot study on traumatic grief treatment program for Japanese women bereaved by violent death. *Journal of Traumatic Stress*, 24 (4), 470-473.

Barry, L. C., Kasl, S. V., & Prigerson, H. G. (2002). Psychiatric disorders among bereaved persons: The role of perceived circumstances of death and preparedness for death. *The American Journal of Geriatric Psychiatry*, 10 (4), 447-457.

Bedard-Gilligan, M., & Zoellner, L. A. (2008). The utility of the A1 and A2 criteria in the diagnosis of PTSD. *Behaviour Research and Therapy*, 46 (9), 1062-1069.

Behera, C., Rautji, R., & Dogra, T. D. (2008). Relatives' attitudes towards medico-legal investigation and forensic autopsy: A study from South Delhi. *Medicine, Science, and the Law*, 48 (2), 159-162.

Boals, A., & Schuettler, D. (2009). PTSD symptoms in response to traumatic and non-traumatic events: The role of respondent perception and A2 criterion. *Journal of Anxiety Disorders*, 23 (4), 458-462.

Boelen, P. A. (2009). The centrality of a loss and its role in emotional problems among bereaved people. *Behavior Research and Therapy*, 47 (7), 616-622.

Boelen, P. (2010). Intolerance of uncertainty and emotional distress following the death of a loved one. *Anxiety, Stress, & Coping*, 23 (4), 471-478.

Boelen, P. A. (2012). A prospective examination of the association between the centrality of a loss and post-loss psychopathology. *Journal of Affective Disorders*, 137 (1-3), 117-124.

Boelen, P. A., van den Hout, M. A., & van den Bout, J. (2008). The factor structure of Posttraumatic Stress Disorder symptoms among bereaved individuals: A confirmatory factor analysis study. *Journal of Anxiety Disorders*, 22 (8), 1377-1383.

Boelen, P. A., & Prigerson, H. G. (2012). Commentary on the inclusion of persistent complex bereavement-related disorder in DSM-5. *Death Studies*, 36 (9), 771-794.

Boelen, P. A., & Spuij, M. (2013). Symptoms of post-traumatic stress disorder in bereaved children and adolescents: Factor structure and correlates. *Journal of Abnormal Child Psychology*, 41 (7), 1097-1108.

Boeschen, L. E., Koss, M. P., Figueredo, A. J., & Coan, J. A. (2001). Experiential avoidance and post-traumatic stress disorder: A cognitive mediational model of rape recovery. *Journal of Aggression, Maltreatment & Trauma*, 4 (2), 211-245.

Bokszczanin, A. (2007). PSTD symptoms in children and adolscents 28 months after a floods: Age and gender differences. *Journal of Traumatic Stress*, 20 (3), 347-351.

Bokszczanin, A. (2008). Parental support, family conflict, and overprotectiveness: Predicting PTSD symptom levels of adolescents 28 months after a natural disaster. *Anxiety, Stress & Coping: An International Journal*, 21 (4), 325-335.

Bonanno, G. A., & Kaltman, S. (1999). Toward an integrative perspective on bereavement. *Psychological Bulletin*, 125 (6), 760-776.

Bonanno, G. A., & Keltner, D. (1997). Facial expressions of emotion and the course of conjugal

bereavement. *Journal of Abnormal Psychology*, 106 (1), 126-137.
Bonanno, G. A., & Lilienfeld, S. O. (2008). Let's be realistic: When grief counseling is effective and when it's not. *Professional Psychology: Research and Practice*, 39 (3), 377-378.
Bonanno, G. A., Mihalecz, M. C., & LeJeune, J. T. (1999). The core emotion themes of conjugal loss. *Motivation and Emotion*, 23 (3), 175-201.
Brady, K. L., Acierno, R. E., Resnick, H. S., Kilpatrick, D. G., & Saunders, B. E. (2004). PTSD symptoms in widowed women with lifetime trauma experiences. *Journal of Loss and Trauma: International Perspectives on Stress & Coping*, 9 (1), 35-43.
Brent, D., Melhem, N., Donohoe, M. B., & Walker, M. (2009). The incidence and course of depression in bereaved youth 21 months after the loss of a parent to suicide, accident, or sudden natural death. *American Journal of Psychiatry*, 166 (7), 786-794.
Breslau, N., Chilcoat, H. D., Kessler, R. C., Peterson, E. L., & Lucia, V. C. (1999). Vulnerability to assaultive violence: Further specification of the sex difference in post-traumatic stress disorder. *Psychological Medicine*, 29 (4), 813-821.
Breslau, N., Davis, G. C., Andreski, P., Peterson, E. L., & Schultz, L. R. (1997). Sex differences in posttraumatic stress disorder. *Archives of General Psychiatry*, 54 (11), 1044-1048.
Breslau, N., & Kessler, R. C. (2001). The stressor criterion in DSM-IV posttraumatic stress disorder: An empirical investigation. *Biological Psychiatry*, 50 (9), 699-704.
Breslau, N., Kessler, R. C., Chilcoat, H. D., Schultz, L. R., Davis, G. C., & Andreski, P. (1998). Trauma and posttraumatic stress disorder in the community: The 1996 Detroit Area Survey of Trauma. *Archives of General Psychiatry*, 55 (7), 626-632.
Brewin, C. R., Lanius, R. A., Novac, A., Schnyder, U., & Galea, S. (2009). Reformulating PTSD for DSM-V: Life after Criterion A. *Journal of Traumatic Stress*, 22 (5), 366-373.
Bryant, R. A., Harvey, A. G., Guthrie, R. M., & Moulds, M. L. (2000). A prospective study of psychophysiological arousal, acute stress disorder, and posttraumatic stress disorder. *Journal of Abnormal Psychology*, 109 (2), 341-344.
Burke, L. A., Neimeyer, R. A., & McDevitt-Murphy, M. E. (2010). African American homicide bereavement: Aspects of social support that predict complicated grief, PTSD, and depression. *Omega (Westport)*, 61 (1), 1-24.
Burnell, G. M., & Burnell, A. L. (1989). *Clinical management of bereavement: A handbook for healthcare professionals*. Human Sciences Press, New York.
Carmines, E. G., & Zeller, R. A. (1979). *Reliability and Validity Assessment*. Beverly Hills: Sage Publications. (カーマイン, E. G.・ツェラー, R. A. (著) 水野欽司・野嶋栄一郎 (訳) (1983). テストの信頼性と妥当性 朝倉書店).
Caspi, Y., Poole, C., Mollica, R. F., & Frankel, M. (1998). Relationship of child loss to psychiatric and functional impairment in resettled Cambodian refugees. *Journal of Nervous and Mental Disease*, 186 (8), 484-491.
Chapman, C., Mills, K., Slade, T., McFarlane, A. C., Bryant, R. A., Creamer, M., Silove, D., & Teesson, M. (2012). Remission from post-traumatic stress disorder in the general population. *Psychological Medicine*, 42 (8), 1695-1703.
Christiansen, D. M., Elklit, A., & Olff, M. (2013). Parents bereaved by infant death: PTSD symptoms up to 18 years after the loss. *General Hospital Psychiatry*, 35 (6), 605-611.
Cleiren, M., Diekstra, R. F., Kerkhof, A. J., & van der Wal, J. (1994). Mode of death and kinship

in bereavement: Focusing on "who" rather than "how". *Crisis: The Journal of Crisis Intervention and Suicide Prevention*, 15 (1), 22-36.

Clohessy, S., & Ehlers, A. (1999). PTSD symptoms, response to intrusive memories and coping in ambulance service workers. *British Journal of Clinical Psychology*, 38 (3), 251-265.

Coifman, K. G., Bonanno, G. A., Ray, R. D., & Gross, J. J. (2007). Does repressive coping promote resilience? Affective-autonomic response discrepancy during bereavement. *Journal of Personality and Social Psychology*, 92 (4), 745-758.

Creamer, M., McFarlane, A. C., & Burgess, P. (2005). Psychopathology following trauma: The role of subjective experience. *Journal of Affective Disorders*, 86 (2-3), 175-182.

Currier, J. M., Holland, J. M., & Neimeyer, R. A. (2006). Sense-Making, Grief, and the Experience of Violent Loss: Toward a Mediational Model. *Death Studies*, 30 (5), 403-428.

Davidson, J. R., Hughes, D., Blazer, D. G., & George, L. K. (1991). Post-traumatic stress disorder in the community: An epidemiological study. *Psychological Medicine*, 21 (3), 713-721.

Dell'Osso, L., Carmassi, C., Musetti, L., Socci, C., Shear, M. K., Conversano, C., Maremmani, I., & Perugi, G. (2012). Lifetime mood symptoms and adult separation anxiety in patients with complicated grief and/or post-traumatic stress disorder: A preliminary report. *Psychiatry Research*, 198 (3), 436-440.

Dempsey, M., Overstreet, S., & Moely, B. (2000). "Approach" and "avoidance" coping and PTSD symptoms in inner-city youth. *Current Psychology: A Journal for Diverse Perspectives on Diverse Psychological Issues*, 19 (1), 28-45.

Denderen, M. V., Keijser, J. D., Kleen, M., & Boelen, P. A. (2015). Psychopathology among homicidally bereaved individuals: A systematic review. *Trauma, Violence, & Abuse*, 16 (1), 70-80.

Dietz, L. J., Stoyak, S., Melhem, N., Porta, G., Matthews, K. A., Walker Payne, M., & Brent, D. A. (2013). Cortisol response to social stress in parentally bereaved youth. *Biological Psychiatry*, 73 (4), 379-387.

Dyregrov, K., & Dyregrov, A. (2005). Siblings after suicide- "the forgotten bereaved". *Suicide and Life-Threatening Behavior*, 35 (6), 714-724.

Dyregrov, K., Nordanger, D., & Dyregrov, A. (2003). Predictors of psychosocial distress after suicide, SIDS and accidents. *Death Studies*, 27 (2), 143-165.

Elklit, A., & O'Connor, M. (2005). Post-traumatic stress disorder in a Danish population of elderly bereaved. *Scandinavian Journal of Psychology*, 46 (5), 439-445.

Foa, E. B., Keane, T. M., & Friedman, M. J. (2000). *Effective Treatments for PTSD: Guidelines from the International Society for Traumatic Stress Studies*. New York: Guilford Press. (フォア, E. B.・キーン, T. M.・フリードマン, M. J. (著) 飛鳥井望・西園文・石井朝子 (訳) (2005). PTSD 治療ガイドライン——エビデンスに基づいた治療戦略—— 金剛出版).

Friedman, M. J., Resick, P. A., Bryant, R. A., & Brewin, C. R. (2011). Considering PTSD for DSM-5. *Depression and Anxiety*, 28 (9), 750-769.

Gentes, E. L., Dennis, P. A., Kimbrel, N. A., Rissling, M. B., Beckham, J. C., V. A. Mid-Atlantic MIRECC Workgroup, & Calhoun, P. S. (2014). DSM-5 posttraumatic stress disorder: Factor structure and rates of diagnosis. *Journal of Psychiatric Research*, 59, 60-67.

Gold, S. D., Marx, B. P., Soler-Baillo, J. M., & Sloan, D. M. (2005). Is life stress more traumatic

than traumatic stress? *Journal of Anxiety Disorders*, 19 (6), 687-698.
Golden, A. M., & Dalgleish, T. (2010). Is prolonged grief distinct from bereavement-related posttraumatic stress? *Psychiatry Research*, 178 (2), 336-341.
Green, B. L., Korol, M., Grace, M. C., Vary, M. G., Leonard, A. C., Gleser, G. C., & Smitson-Cohen, S. (1991). Children and disaster: Age, gender, and parental effects on PTSD symptoms. *Journal of the American Academy of Child & Adolescent Psychiatry*, 30 (6), 945-951.
Hackmann, A., Ehlers, A., Speckens, A., & Clark, D. M. (2004). Characteristics and content of intrusive memories in PTSD and their changes with treatment. *Journal of Traumatic Stress*, 17 (3), 231-240.
Hargrave, P. A., Leathem, J. M., & Long, N. R. (2012). Peritraumatic distress: Its relationship to posttraumatic stress and complicated grief symptoms in sudden death survivors. *Journal of Traumatic Stress*, 25 (3), 344-347.
Hathaway, L. M., Boals, A., & Banks, J. B. (2010). PTSD symptoms and dominant emotional response to a traumatic event: An examination of DSM-IV Criterion A2. *Anxiety, Stress, & Coping: An International Journal*, 23 (1), 119-126.
Helzer, J. E., Robins, L. N., & McEvoy, L. (1987). Post-traumatic stress disorder in the general population: Findings of the Epidemiologic Catchment Area survey. *The New England Journal of Medicine*, 317 (26), 1630-1634.
Heptinstall, E., Sethna, V., & Taylor, E. (2004). PTSD and depression in refugee children: Associations with pre-migration trauma and post-migration stress. *European Child & Adolescent Psychiatry*, 13 (6), 373-380.
van Hooff, M., McFarlane, A. C., Baur, J., Abraham, M., & Barnes, D. J. (2009). The stressor Criterion-A1 and PTSD: A matter of opinion? *Journal of Anxiety Disorders*, 23 (1), 77-86.
Hopper, J. W., Frewen, P. A., van der Kolk, B. A., & Lanius, R. A. (2007). Neural correlates of reexperiencing, avoidance, and dissociation in PTSD: Symptom dimensions and emotion dysregulation in responses to script-driven trauma imagery. *Journal of Traumatic Stress*, 20 (5), 713-725.
Horowitz, M. J., Marmar, C., Weiss, D. S., DeWitt, K. N., & Rosenbaum, R. (1984). Brief psychotherapy of bereavement reactions: The relationship of process to outcome. *Archives of General Psychiatry*, 41 (5), 438-448.
Ito, T., Nobutomo, K., Fujimiya, T., & Yoshida, K. (2010). Importance of explanation before and after forensic autopsy to the bereaved family: Lessons from a questionnaire study. *Journal of Medical Ethics*, 36 (2), 103-105.
Jind, L., Elklit, A., & Christiansen, D. (2010). Cognitive schemata and processing among parents bereaved by infant death. *Journal of Clinical Psychology in Medical Settings*, 17 (4), 366-377.
Jordan, J. R., & Neimeyer, R. A. (2003). Does grief counseling work? *Death Studies*, 27 (9), 765-786.
Kaltman, S., & Bonanno, G. A. (2003). Trauma and bereavement: Examining the impact of sudden and violent deaths. *Journal of Anxiety Disorders*, 17 (2), 131-147.
Kaplow, J. B., Layne, C. M., Pynoos, R. S., Cohen, J. A., & Lieberman, A. (2012). DSM-V diagnostic criteria for bereavement-related disorders in children and adolescents: Develop-

mental considerations. *Psychiatry*, 75 (3), 243-266.
Karam, E. G., Andrews, G., Bromet, E., Petukhova, M., Ruscio, A. M., Salamoun, M., Sampson, N., Stein, D. J., Alonso, J., Andrade, L. H., Angermeyer, M., Demyttenaere, K., de Girolamo, G., de Graaf, R., Florescu, S., Gureje, O., Kaminer, D., Kotov, R., Lee, S., Lépine, J., Medina-Mora, M. E., Oakley Browne, M. A., Posada-Villa, J., Sagar, R., Shalev, A. Y., Takeshima, T., Tomov, T., & Kessler, R. C. (2010). The role of criterion A2 in the DSM-IV diagnosis of posttraumatic stress disorder. *Biological Psychiatry*, 68 (5), 465-473.
Kato, P. M., & Mann, T. (1999). A synthesis of psychological interventions for the bereaved. *Clinical psychology review*, 19 (3), 275-296.
Kazak, A. E., Barakat, L. P., Meeske, K., Christakis, D., Meadows, A. T., Casey, R., Penati, B., & Stuber, M. L. (1997). Posttraumatic stress, family functioning, and social support in survivors of childhood leukemia and their mothers and fathers. *Journal of Consulting and Clinical Psychology*, 65 (1), 120-129.
Kessler, R. C., Sonnega, A., Bromet, E., Hughes, M., & Nelson, C. B. (1995). Posttraumatic stress disorder in the National Comorbidity Survey. *Archives of General Psychiatry*, 52 (12), 1048-1060.
Kilpatrick, D. G., & Acierno, R. (2003). Mental health needs of crime victims: Epidemiology and outcomes. *Journal of Traumatic Stress*, 16 (2), 119-132.
Kilpatrick, D. G., Resnick, H. S., & Acierno, R. (2009). Should PTSD Criterion A be retained? *Journal of Traumatic Stress*, 22 (5), 374-383.
Kim, S. J., Lyoo, I. K., Lee, Y. S., Kim, J., Sim, M. E., Bae, S. J., Kim, H. J., Lee, J. Y., & Jeong, D. U. (2007). Decreased cerebral blood flow of thalamus in PTSD patients as a strategy to reduce re-experience symptoms. *Acta Psychiatrica Scandinavica*, 116 (2), 145-153.
北見公 (2002). 交通事故後に PTSD は起こり得るか？ *賠償科学*, 27, 91-99.
Kloep, M. L., Lancaster, S. L., Rodriguez, B. F. (2014). Sudden unexpected versus violent death and PTSD symptom development. *Journal of Aggression, Maltreatment, & Trauma*, 23 (3), 286-300.
小西聖子 (2001). 犯罪被害者のトラウマ　宮澤浩一・國松孝次 (監修) *講座被害者支援第4巻　被害者学と被害者心理*　東京法令出版　pp. 83-120.
厚生労働省大臣官房統計情報部・厚生労働省医政局 (2014). *平成26年度版死亡診断書 (死体検案書) 記入マニュアル* http://www.mhlw.go.jp/toukei/manual/
Kraemer, B., Wittmann, L., Jenewein, J., Maier, T., & Schnyder, U. (2009). Is the stressor criterion dispensable?: A contribution to the criterion A debate from a Swiss sample of survivors of the 2004 tsunami. *Psychopathology*, 42 (5), 333-336.
Larson, D. G., & Hoyt, W. T. (2007). What has become of grief counseling?: An evaluation of the empirical foundations of the new pessimism. *Professional Psychology: Research and Practice*, 38 (4), 347-355.
Lehman, D. R., Ellard, J. H., & Wortman, C. B. (1986). Social support for the bereaved: Recipients' and providers' perspectives on what is helpful. *Journal of Consulting and Clinical Psychology*, 54 (4), 438-446.
Levav, L., Friedlander, Y., Kark, J. D., & Peritz, E. (1988). An epidemiologic study of mortality among bereaved parents. *New England Journal of Medicine*. 319 (8), 457-461.

Lichtenthal, W. G., & Cruess, D. G. (2010). Effects of directed written disclosure on grief and distress symptoms among bereaved individuals. *Death Studies*, 34 (6), 475-499.

Lindemann, E. (1944). Symptomatology and management of acute grief. *American Journal of Psychiatry*, 101 (2), 141-148.

Long, W. J., Griffith, J. L., Selker, H. P., & D'Agostino, R. B. (1993). A comparison of logistic regression to decision-tree induction in a medical domain. *Computers and Biomedical Research*, 26 (1), 74-97.

Lundin, T. (1984). Morbidity following sudden and unexpected bereavement. *British Journal of Psychiatry*, 144 (1), 84-88.

Maercker, A., Michael, T., Fehm, L., Becker, E. S., & Margraf, J. (2004). Age of traumatisation as a predictor of post-traumatic stress disorder or major depression in young women. *British Journal of Psychiatry*, 184 (6), 482-487.

Mancini, A. D., Prati, G., & Black, S. (2011). Self-worth mediates the effects of violent loss on PTSD symptoms. *Journal of Traumatic Stress*, 24 (1), 116-120.

松村明（1999）．大辞林　第二版　新装版　三省堂．

McClatchy, I. S., Vonk, M. E., & Palardy, G. (2009). The prevalence of childhood traumatic grief: A comparison of violent/sudden and expected loss. *Omega (Westport)*, 59 (4), 305-323.

McFarlane, A. C. (1992). Avoidance and intrusion in posttraumatic stress disorder. *Journal of Nervous and Mental Disease*, 180 (7), 439-445.

McMillen, J. C., North, C. S., & Smith, E. M. (2000). What parts of PTSD are normal: Intrusion, avoidance, or arousal? Data from the Northridge, California, earthquake. *Journal of Traumatic Stress*, 13 (1), 57-75.

Metzger, L. J., Paige, S. R., Carson, M. A., Lasko, N. B., Paulus, L. A., Pitman, R. K., & Orr, S. P. (2004). PTSD arousal and depression symptoms associated with increased right-sided parietal EEG asymmetry. *Journal of Abnormal Psychology*, 113 (2), 324-329.

Michael, T., Ehlers, A., Halligan, S. L., & Clark, D. M. (2005). Unwanted memories of assault: What intrusion characteristics are associated with PTSD? *Behaviour Research and Therapy*, 43 (5), 613-628.

Mitchell, A. M., Crane, P. A., & Kim, Y. (2008). Perceived stress in survivors of suicide: Psychometric properties of the Perceived Stress Scale. *Research in Nursing & Health*, 31 (6), 576-585.

Murphy, S. A. (1997). A bereavement intervention for parents following the sudden, violent deaths of their 12-28-year-old children: Description and applications to clinical practice. *Canadian Journal of Nursing Research*, 29 (4), 51-72.

Murphy, S. A., Braun, T., Tillery, L., Cain, K. C., Johnson, L. C., & Beaton, R. D. (1999). PTSD among bereaved parents following the violent deaths of their 12-to 28-year-old children: A longitudinal prospective analysis. *Journal of Traumatic Stress*, 12 (2), 273-291.

Murphy, S. A., Chung, I. J., & Johnson, L. C. (2002). Patterns of mental distress following the violent death of a child and predictors of change over time. *Research in Nursing & Health*, 25 (6), 425-437.

Murphy, S. A., Johnson, L. C., Lohan, J., & Tapper, V. J. (2002). Bereaved parents' use of individual, family, and community resources 4 to 60 months after a child's violent death. *Family & Community Health*, 25 (1), 71-82.

Murphy, S. A., Johnson, L. C., Wu, L., Fan, J. J., & Lohan, J. (2003). Bereaved parents' outcomes 4 to 60 months after their children's deaths by accident, suicide, or homicide: A comparative study demonstrating differences. *Death Studies*, 27 (1), 39-61.

Murphy, S. A., Tapper, V. J., Johnson, L. C., & Lohan, J. (2003). Suicide ideation among parents bereaved by the violent deaths of their children. *Issues in Mental Health Nursing*, 24 (1), 5-25.

中島聡美 (1999). 打ちのめされた心を抱えて 諸澤英道 (編著) トラウマから回復するために 講談社, pp. 43-71.

Nakajima, S., Ito, M., Shirai, A., & Konishi, T. (2012). Complicated grief in those bereaved by violent death: The effects of post-traumatic stress disorder on complicated grief. *Dialogues in Clinical Neuroscience*, 14 (2), 210-214.

Nandi, A., Galea, S., Tracy, M., Ahern, J., Resnick, H., Gershon, R., & Vlahov, D. (2004). Job loss, unemployment, work stress, job satisfaction, and the persistence of posttraumatic stress disorder one year after the September 11 attacks. *Journal of Occupational and Environmental Medicine*, 46 (10), 1057-1064.

日本法医学会庶務委員会 (2007). 法医学教室の現状——平成19年度法医学教室実態調査アンケートから—— http://www.jslm.jp/topics/20071019.pdf

Norris, F. H., Kaniasty, K., Conrad, M. L., Inman, G. L., & Murphy, A. D. (2002). Placing age differences in cultural context: A comparison of the effects of age on PTSD after disasters in the United States, Mexico, and Poland. *Journal of Clinical Geropsychology*, 8 (3), 153-173.

North, C. S., Suris, A. M., Davis, M., & Smith, R. P. (2009). Toward validation of the diagnosis of posttraumatic stress disorder. *American Journal of Psychiatry*, 166 (1), 34-41.

O'Connor, M. (2010a). A longitudinal study of PTSD in the elderly bereaved: Prevalence and predictors. *Aging & Mental Health*, 14 (3), 310-318.

O'Connor, M. (2010b). PTSD in older bereaved people. *Aging & Mental Health*, 14 (6), 670-678.

O'Donnell, M. L., Creamer, M., McFarlane, A. C., Silove, D., & Bryant, R. A. (2010). Should A 2 be a diagnostic requirement for posttraumatic stress disorder in DSM-V? *Psychiatry Research*, 176 (2-3), 257-260.

緒方康介・石川隆紀・道上知美・西由布子・前田均 (2010). 事故および犯罪被害者遺族の外傷後ストレス症状の因子構造——多母集団同時分析による性別, 年齢層別, および死別後期間別の因子不変性—— *犯罪学雑誌*, 76 (6), 160-167.

Ogata, K., Ishikawa, T., Michiue, T., Nishi, Y., & Maeda, H. (2011). Posttraumatic symptoms in Japanese bereaved family members with special regard to suicide and homicide cases. *Death Studies*, 35 (6), 525-535.

緒方康介・石川隆紀・道上知美・西由布子・前田均 (2014). 事故・犯罪被害者遺族の精神・心理的反応：質問紙調査による分析結果の概要と再評価 *法医病理*, 20, 20-28.

Ogata, K., & Maeda, H. (2011). Possible risk factors predicting post-traumatic symptoms in bereaved Japanese people involved in criminal and accidental events. *The book of abstracts of the 16th World Congress of the International Society for Criminology*, 317.

Ogata, K., Michiue, T., & Maeda, H. (2014). Risk factors for psychological disorders of bereaved family members in forensic autopsy cases: Reassessment using regression and decision tree analyses. *The Japanese Journal of Legal Medicine*, 68, 174-175.

Ogata, K., Michiue, T., Yamazoe, R., & Maeda, H. (2016). Impact of on-site personal experience of violent death on post-traumatic stress disorder of bereaved Japanese family members in forensic autopsy cases. *Journal of Loss and Trauma: International Perspectives on Stress & Coping*, 21 (4), 290-302.

Ogata, K., Michiue, T., Yamazoe, R., & Maeda, H. (in Press). Risk factors for PTSD-related symptoms of Japanese bereaved in forensic autopsy cases: Multiple analyses using regression with optimal scaling and decision tree analysis. *Omega: Journal of Death and Dying*.

緒方康介・西由布子・前田均 (2003). 犯罪・事故関連死亡者の遺族の精神・心理的反応——司法解剖例についての調査—— *賠償科学*, 30, 69-75.

緒方康介・西由布子・前田均 (2006). 犯罪・事故等関連死亡者の遺族における心理学的症状構造の分析 *賠償科学*, 33, 70-78.

緒方康介・西由布子・前田均 (2007). 事故・犯罪被害者遺族における精神・心理的反応——質問紙自由記述感情語の分析—— *犯罪学雑誌*, 73 (3), 87-88.

緒方康介・西由布子・前田均 (2008). 犯罪・事故等被害者遺族の感情表現と心的外傷後ストレス反応との関連 *犯罪学雑誌*, 74 (4), 111-121.

Ogata, K., Nishi, Y., & Maeda, H. (2008). Psychological effects of seeing the deceased person after forensic autopsy on the surviving family members. *The Japanese Journal of Legal Medicine*, 62, 154.

Ogata, K., Nishi, Y., & Maeda, H. (2009). Psychological effects on the surviving family members seeing the deceased person after forensic autopsy. *Psychological Trauma: Theory, Research, Practice, and Policy*, 1 (2), 146-152.

緒方康介・西由布子・前田均 (2010). 犯罪・事故等関連死亡者の遺族における司法解剖への想い——自由記述文に対するテキスト・マイニングを用いた分析—— *犯罪学雑誌*, 76 (2), 41-47.

Ogata, K., Nishi, Y., Michiue, T., Ishikawa, T., & Maeda, H. (2011). Possible factors predicting posttraumatic symptoms in Japanese bereaved family members: Investigation of forensic autopsy cases. *Proceedings of the 19th Meeting of the International Accociation of Forensic Science, Funchal/Mederia*, 848.

岡本好司・中島孔徳・中島重徳・高石昇・田中智子・磯野多恵子・加地孝仁・高野知子 (1998). 阪神・淡路大震災被災者における post-traumatic stress disorder 調査 (第1報) ——日本心身医学会近畿支部第二次ボランティア活動報告 I—— *心身医学*, 38 (8), 607-615.

Onrust, S. A., & Cuijpers, P. (2006). Mood and anxiety disorders in widowhood: A systematic review. *Aging & Mental Health*, 10 (4), 327-334.

大和田攝子 (2003). *犯罪被害者遺族の心理と支援に関する研究* 風間書房.

Oppewal, F., & Meyboom-De Jong, B. (2001). Family members' experiences of autopsy. *Family Practice*, 18 (3), 304-308.

Overstreet, S., Dempsey, M., Graham, D., & Moely, B. (1999). Availability of family support as a moderator of exposure to community violence. *Journal of Clinical Child Psychology*, 28 (2), 151-159.

Palermo, G. B., & Gumz, E. J. (1994). The last invasion of human privacy and its psychological consequences on survivors: A critique of the practice of embalming. *Theoretical Medi-*

cine and Bioethics, 15 (4), 397-408.
Parkes, C. M. (1993). Psychiatric problems following bereavement by murder or manslaughter. British Journal of Psychiatry, 162 (1), 49-54.
Parkes, C. M., & Weiss, R. S. (1983). Recovery from bereavement. Basic Books., New York.
Pennebaker, J. W., Mayne, T. J., & Francis, M. E. (1997). Linguistic predictors of adaptive bereavement. Journal of Personality and Social Psychology, 72 (4), 863-871.
Pfeffer, C. R., Altemus, M., Heo, M., & Jiang, H. (2007). Salivary cortisol and psychopathology in children bereaved by the September 11, 2001 terror attacks. Biological Psychiatry, 61 (8), 957-965.
Pfefferbaum, B., Nixon, S. J., Tucker, P. M., Tivis, R. D., Moore, V. L., Gurwitch, R. H., Pynoos, R. S., & Geis, H. K. (1999). Posttraumatic stress responses in bereaved children after the Oklahoma City bombing. Journal of the American Academy of Child & Adolescent Psychiatry, 38 (11), 1372-1379.
Plattner, T., Scheurer, E., & Zollinger, U. (2002). The response of relatives to medicolegal investigations and forensic autopsy. American Journal of Forensic Medicine and Pathology, 23 (4), 345-348.
Pomerantz, A. S. (1991). Delayed onset of PTSD: Delayed recognition or latent disorder? American Journal of Psychiatry, 148 (11), 1609.
Rasmusson, A. M., Vasek, J., Lipschitz, D. S., Vojvoda, D., Mustone, M. E., Shi, Q., Gudmundsen, G., Morgan, C. A., Wolfe, J., & Charney, D. S. (2004). An increased capacity for adrenal DHEA release is associated with decreased avoidance and negative mood symptoms in women with PTSD. Neuropsychopharmacology, 29 (8), 1546-1557.
Resnick, H. S., Kilpatrick, D. G., Dansky, B. S., Saunders, B. E., & Best, C. L. (1993). Prevalence of civilian trauma and posttraumatic stress disorder in a representative national sample of women. Journal of Consulting and Clinical Psychology, 61 (6), 984-991.
Richardson, L. K., Frueh, B. C., & Acierno, R. (2010). Prevalence estimates of combat-related post-traumatic stress disorder: Critical review. Australian and New Zealand Journal of Psychiatry, 44 (1), 4-19.
Risser, H. J., Hetzel-Riggin, M. D., Thomsen, C. J., & McCanne, T. R. (2006). PTSD as a mediator of sexual revictimization: The role of reexperiencing, avoidance, and arousal symptoms. Journal of Traumatic Stress, 19 (5), 687-698.
Roberts, M. E., & Fody, E. P. (1986). The therapeutic value in the autopsy request. Journal of Religion and Health, 25 (2), 161-166.
Rudolfer, S. M., Paliouras, G., & Peers, I. S. (1999). A comparison of logistic regression to decision tree induction in the diagnosis of carpal tunnel syndrome. Computers and Biomedical Research, 32 (5), 391-414.
Rynearson, E. K. (1984). Bereavement after homicide: A descriptive study. American Journal of Psychiatry, 141 (11), 1452-1454.
Rynearson, E. K. (2001). Retelling Violent Death. Routledge, U. S. A. (ライナソン, E. K. 藤野京子（訳）(2008). 犯罪・災害被害者遺族への心理的援助——暴力死についての修復的語り直し—— 金剛出版).
Sandler, I. N., Ma, Y., Tein, J. Y., Ayers, T. S., Wolchik, S., Kennedy, C., & Millsap, R. (2010). Long-term effects of the family bereavement program on multiple indicators of grief in

parentally bereaved children and adolescents. *Journal of Consulting and Clinical Psychology*, 78 (2), 131-143.
佐藤志穂子 (1998). 死別者における PTSD——交通事故遺族34人の追跡調査—— 臨床医学, 27 (12), 1575-1586.
佐藤志穂子 (2001). 遺族への支援 宮澤浩一・國松孝次 (監修) 講座被害者支援第4巻 被害者学と被害者心理 東京法令出版 pp. 149-178.
Schoedl, A. F., Costa, M. C., Mari, J. J., Mello, M. F., Tyrka, A. R., Carpenter, L. L., & Price, L. H. (2010). The clinical correlates of reported childhood sexual abuse: An association between age at trauma onset and severity of depression and PTSD in adults. *Journal of Child Sexual Abuse*, 19 (2), 156-170.
Shakespeare-Finch, J., & Armstrong, D. (2010). Trauma type and posttrauma outcomes: Differences between survivors of motor vehicle accidents, sexual assault, and bereavement. *Journal of Loss and Trauma: International Perspectives on Stress & Coping*, 15 (2), 69-82.
Shalev, A. Y. (1992). Posttraumatic stress disorder among injured survivors of a terrorist attack: Predictive value of early intrusion and avoidance symptoms. *Journal of Nervous and Mental Disease*, 180 (8), 505-509.
Shanfield, S. B., & Swain, B. J. (1984). Death of adult children in traffic accidents. *Journal of Nervous and Mental Disease*, 172 (9), 533-538.
Silverman, G. K., Johnson, J. G., & Prigerson, H. G. (2001). Preliminary explorations of the effects of prior trauma and loss on risk for psychiatric disorders in recently widowed people. *Israel Journal of Psychiatry and Related Sciences*, 38 (3-4), 202-215.
Simpson, M. A. (1997). Traumatic bereavements and death-related PTSD. In C. R. Figley, B. E. Bride, & N. Mazza (Eds), *Death and trauma: The traumatology of grieving. The series in trauma and loss.*, Taylor & Francis, Philadelphia, P. A., pp. 3-16.
Smid, G. E., Mooren, T. T., van der Mast, R. C., Gersons, B. P., & Kleber, R. J. (2009). Delayed posttraumatic stress disorder: Systematic review, meta-analysis, and meta-regression analysis of prospective studies. *Journal of Clinical Psychiatry*, 70 (11), 1572-1582.
Smith, M. W., Schnurr, P. P., & Rosenheck, R. A. (2005). Employment outcomes and PTSD symptom severity. *Mental Health Services Research*, 7 (2), 89-101.
Sprang, G., & McNeil, J. S. (1998). Post-homicide reaction: Grief, mourning and post-traumatic stress disorder following a drunk driving fatality. *Omega: Journal of Death and Dying*, 37 (1), 41-58.
Spuij, M., Reitz, E., Prinzie, P., Stikkelbroek, Y., de Roos, C., & Boelen, P. A. (2012). Distinctiveness of symptoms of prolonged grief, depression, and post-traumatic stress in bereaved children and adolescents. *European Child & Adolescent Psychiatry*, 21 (12), 673-679.
Stinson, C. H., Milbrath, C., & Horowitz, M. J. (1995). Dysfluency and topic orientation in bereaved individuals: Bridging individual and group studies. *Journal of Consulting and Clinical Psychology*, 63 (1), 37-45.
Stoppelbein, L. A., Greening, L., & Elkin, T. D. (2006). Risk of posttraumatic stress symptoms: A comparison of child survivors of pediatric cancer and parental bereavement. *Journal of Pediatric Psychology*, 31 (4), 367-376.
Stroebe, W., Schut, H., & Stroebe, M. S. (2005). Grief work, disclosure and counseling: Do they

help the bereaved? *Clinical Psychology Review*, 25 (4), 395-414.
Stroebe, M., & Stroebe, W. (1991). Does "grief work" work? *Journal of Consulting and Clinical Psychology*, 59 (3), 479-482.
Stroebe, M., Stroebe, W., Schut, H., Zech, E., & van den Bout, J. (2002). Does disclosure of emotions facilitate recovery from bereavement? Evidence from two prospective studies. *Journal of Consulting and Clinical Psychology*, 70 (1), 169-178.
Sullivan, J., & Monagle, P. (2011). Bereaved parents' perceptions of the autopsy examination of their child. *Pediatrics*, 127 (4), e 1013-1020.
Sung, S. C., Dryman, M. T., Marks, E., Shear, M. K., Ghesquiere, A., Fava, M., & Simon, N. M. (2011). Complicated grief among individuals with major depression: Prevalence, comorbidity, and associated features. *Journal of Affective Disorders*, 134 (1-3), 453-458.
Sveen, C. A., & Walby, F. A. (2008). Suicide survivors' mental health and grief reactions: A systematic review of controlled studies. *Suicide and Life-Threatening Behavior*, 38 (1), 13-29.
Tolin, D. F., & Foa, E. B. (2006). Sex differences in trauma and posttraumatic stress disorder: A quantitative review of 25 years of research. *Psychological Bulletin*, 132 (6), 959-992.
Tull, M. T., Gratz, K. L., Salters, K., & Roemer, L. (2004). The role of experiential avoidance in posttraumatic stress symptoms and symptoms of depression, anxiety, and somatization. *Journal of Nervous and Mental Disease*, 192 (11), 754-761.
Ullman, S. E., Townsend, S. M., Filipas, H. H., & Starzynski, L. L. (2007). Structural models of the relations of assault severity, social support, avoidance coping, self-blame, and PTSD among sexual assault survivors. *Psychology of Women Quarterly*, 31 (1), 23-37.
Vennemann, M. M. T., Rentsch, C., Bajanowski, T., & Zimmer, G. (2006). Are autopsies of help to the parents of SIDS victims? A follow-up on SIDS families. *International Journal of Legal Medicine*, 120 (6), 352-354.
Wakefield, J. C. (2012). Should prolonged grief be reclassified as a mental disorder in DSM-5?: Reconsidering the empirical and conceptual arguments for complicated grief disorder. *Journal of Nervous and Mental Disease*, 200 (6), 499-511.
Weathers, F. W., & Keane, T. M. (2007). The Criterion A problem revisited: Controversies and challenges in defining and measuring psychological trauma. *Journal of Traumatic Stress*, 20 (2), 107-121.
Wijngaards-de Meij, L., Stroebe, M., Schut, H., Stroebe, W., van den Bout, J., van der Heijden, P., & Dijkstra, I. (2005). Couples at risk following the death of their child: Predictors of grief versus depression. *Journal of Consulting and Clinical Psychology*, 73 (4), 617-623.
Worden, J. W. (2002). *Grief counseling and grief therapy: A handbook for the mental health practitioner (3rd ed.)*. Springer Publishing Co., New York.
Yamamoto, J., Okonogi, K., Iwasaki, T., & Yoshimura, S. (1969). Mourning in Japan. *American Journal of Psychiatry*, 125 (12), 1660-1665.
Zisook, S., Chentsova-Dutton, Y., & Shuchter, S. R. (1998). PTSD following bereavement. *Annals of Clinical Psychiatry*, 10 (4), 157-163.

2節：補遺

① PTSD の定義（DSM-Ⅳ）

診断基準　309.81　外傷後ストレス障害

A その人は，以下の2つがともに認められる外傷的な出来事に暴露されたことがある。
　(1) 実際にまたは危うく死ぬまたは重症を負うような出来事を，1度または数度，あるいは自分または他人の身体の保全に迫る危険を，その人が体験し，目撃し，または直面した。
　(2) その人の反応は強い恐怖，無力感または戦慄に関するものである。
B 外傷的な出来事が，以下の1つ（またはそれ以上）の形で再体験され続けている。
　(1) 出来事の反復的，侵入的な苦痛を伴う想起で，それは心像，思考，または知覚を含む。
　(2) 出来事についての反復的で苦痛な夢
　(3) 外傷的な出来事が再び起こっているかのように行動したり，感じたりする（その体験を再体験する感覚，錯覚，幻覚，および解離性フラッシュバックのエピソードを含む，また，覚醒時または中毒時に起こるものを含む）。
　(4) 外傷的出来事の1つの側面を象徴し，または類似している内的または外的きっかけに暴露された場合に生じる，強い心理的苦痛
　(5) 外傷的出来事の1つの側面を象徴し，または類似している内的または外的きっかけに暴露された場合の生理学的反応性
C 以下の3つ（またはそれ以上）によって示される，（外傷以前には存在していなかった）外傷と関連した刺激の持続的回避と，全般的反応性の麻痺
　(1) 外傷と関連した思考，感情，または会話を回避しようとする努力
　(2) 外傷を想起させる活動，場所または人物を避けようとする努力
　(3) 外傷の重要な側面の想起不能
　(4) 重要な活動への関心または参加の著しい減退
　(5) 他の人から孤立している，または疎遠になっているという感覚
　(6) 感情の範囲の縮小（例：愛の感情をもつことができない）
　(7) 未来が短縮した感覚（例：仕事，結婚，子供，または正常な寿命を期待しない）
D （外傷以前には存在していなかった）持続的な覚醒亢進症状で，以下の2つ（またはそれ以上）によって示される。
　(1) 入眠，または睡眠維持の困難
　(2) いらだたしさまたは怒りの爆発
　(3) 集中困難
　(4) 過度の警戒心

  (5) 過剰な驚愕反応
E 障害（基準 B, C, および D の症状）の持続期間が 1 ヵ月以上
F 障害は，臨床上著しい苦痛，または社会的，職業的，または他の重要な領域における機能の障害を引き起こしている。

 ▼該当すれば特定せよ

 急性　症状の持続期間が 3 ヵ月未満の場合

 慢性　症状の持続期間が 3 ヵ月以上の場合

 ▼該当すれば特定せよ

  発症遅延　症状の発現がストレス因子から少なくとも 6 ヵ月の場合

(APA, 1994；高橋・大野・染矢（訳), 1995)

② アンケート用紙

アンケート調査のお願い

　このたびは突然のご不幸，心からお悔やみ申しあげます。
　お身内の方を亡くされた悲しみは，計り知れないものでしょう。
　私達では今後，皆様と同じような境遇になられたご遺族の方々への対応の改善や補償上の問題解決に役立てていきたく，この調査を実施いたしております。
　お手数ですが，ご理解の上，ぜひともご協力頂きたく宜しくお願い申しあげます。
　なお，このアンケートは統計的に処理され，決してプライバシーが外部に漏れることはありませんので，安心してご記入ください。

　まず，あなたご自身についてお伺いします。
　1．何歳ですか？
（　　）歳
　2．性別は？あてはまるものを○印で囲んでください。
（男・女）
　3．ご職業は何ですか？あてはまるものを○印で囲んでください。
　　　1．会社員　　2．公務員　　3．専業主婦　　4．自営業　　5．パートタイマー　　6．学生　　7．その他（　　　　　）
　4．現在は，（あてはまるものを○印で囲んでください）
　　　1．一人で暮らしている。　　2．家族と暮らしている。
　　　3．その他（　　　　　）

　次に，亡くなられた方とのご関係についてお伺いします。
　5．続柄は？
（　　　　）
　6．亡くなった方とは，（あてはまるものを○印で囲んでください）
　　　1．同居していた。　　2．別に暮らしていた。

7．「2．別に暮らしていた」と答えられた方におたずねします。
　　亡くなった方とは事件あるいは事故の前，どの程度会っていましたか？あてはまるものを○印で囲んでください。
　　　1．ほとんど毎日　　2．1週間に1〜数回くらい
　　　3．1ヶ月に1回くらい　　4．1年に数回
　　　5．ほとんど会っていなかった。

次に，以下のことを現在経験しているかどうかについて，5段階のうちあてはまると思う数字にそれぞれ1つ○印をつけてください。
　　非常にあてはまる……5　　すこしあてはまる……4　　どちらとも言えない……3　　ほとんどあてはまらない……2　　まったくあてはまらない……1

8．事件あるいは事故以来，その出来事をいつのまにか，または考えないようにしているのに，考えてしまう。
9．事件あるいは事故場面の悪夢に悩まされる。
10．事件あるいは事故の中に突然自分が戻ったあるいはいるように感じたり，行動したりする。（たとえば，その情景，その時の音がありありと思い出されたり，その情景についての強い感情が押し寄せてくる。）
11．事件あるいは事故の時と似た状況に接すると，気持ちが非常に動揺する。（たとえば，怒る，涙がでる，混乱する，恐くなる，パニックになる。）
12．事件あるいは事故の時と似た状況に接すると，さまざまな身体反応が出る。（たとえば，手足が震える，汗が出る，吐き気がする，めまいがする。）
13．事件あるいは事故，あるいはその人が亡くなられて以来，感情が鈍くなったように感じる。（たとえば，喜怒哀楽が少ない，優しさや愛情などの感情を感じにくい。）
14．事件あるいは事故，あるいはその人が亡くなられた事については，話さないように努め，その時の考えや感情を思い出したり表現することを避けている。
15．事件あるいは事故，あるいはその人が亡くなられて以来，自分が他の人に疎外されている，あるいは他の人から遊離しているように，または，他の

人とは違う世界にいるように感じる。
16. 事件あるいは事故，あるいはその人が亡くなられて以来，不幸な運命を予想するようになった。（たとえば，早死にするとか，生きがいが得られないだろうと思う。未来が短くなったように感じる。）
17. 以前に楽しんでいたことへの関心を失った。（たとえば，スポーツ・趣味への関心を失った。）
18. 事件あるいは事故，あるいはその人が亡くなられた時のことについて，ある部分が思い出せない。（たとえば，起こった年月日，巻き込まれた人々の名前。）
19. 寝つきが悪かったり，眠りが断続的である。
20. 特に理由もないのに，いらだちを感じて困る。または，始終緊張している。緊張感が怒りとなり物を壊したり，周囲の人に怒鳴り散らしたりする。
21. 物事に集中するのが困難で，雑誌太本を読み通せず，一度に2，3ページしか読めない。また，会話や仕事に集中できず，すぐに気がそれてしまう。
22. 過度に用心深くなっていて，自分や身内の安全を過度に心配する。
23. とても驚きやすくなっていて，大きな音や突然の音，事件や事故の体験と似た刺激（音，においなど）にぎくっとする。
24. 事件あるいは事故，あるいはその人が亡くなられて以後の症状により，仕事が妨げられている。（たとえば，計画どおりに仕事が進まない，人とのコミュニケーションができず，能率よく働けない。）
25. 交友関係や家族関係を保つことが困難になった。（たとえば，離婚や友人との不和を引き起こす。）
26. 事件あるいは事故，あるいはその人が亡くなられて以後の症状により，身だしなみ，食生活など，日常生活に関する事柄に影響を受けた。
27. 怒り，不安，うつ感情などのために家に閉じこもり，他人との接触を避けている。自殺や他人を害することを考えることがある

最後に，以下の質問にお答えください。
28. 事故あるいは事件の現場を知っていますか？

（はい・いいえ）
29. 「はい」と答えた方にお尋ねします。実際にその現場に行ったことがあり

ますか？
あてはまるものに○をつけてください。
1．事件または事故のときその場にいあわせた。
2．その場にいあわせなかったが，事件または事故後そこへ行った。
3．その場にいあわせず，その後そこへ行ったこともないが，普段からよく行くところだった。
4．その場にいあわせず，その後そこへ行ったこともなく，今後行く気もない。
5．その他（　　　　　　　）

30. 以下のときに亡くなられた方にお会いになりましたか？　あてはまるものすべてに○をつけてください。
    1．事件あるいは事故時
    2．入院中
    3．亡くなるとき
    4．亡くなったあと
    5．解剖後

31. 今回，その方が亡くなられたことについて，あなたの気持ちを三つの単語（たとえば，「悲しい」，「悔しい」，「つらい」）で，あらわすとしたら，どのようなものが考えられますか？
    1．（　　　　　）2．（　　　　　　）3．（　　　　　　）

32. 何かご要望がございましたら，ご自由にお書きください。

調査は以上で終了です。ご協力に深く感謝いたします。

大阪市立大学医学部法医学教室
前田均

おわりに──謝辞

　2001年の年度末だった。当時第16代文化庁長官に就任されたばかりの故・河合隼雄先生（京都大学名誉教授）が講演のために著者の母校の大阪市立大学にお見えになられた。大学院生と教員のみに参加が許された講演であったが，大学院進学が決まっていたことから学部4回生だった著者にも特別に聴講許可が与えられた。その会場で偶然隣に座られた当時は生活科学部助教授（現・教授）の要田洋江先生から「医学部の法医学教室で心理学のデータ分析をできる人を紹介してほしいと頼まれているのだけど，どうでしょうか？」と声を掛けていただいた。要田先生は著者が犯罪心理学を学ぶために大学院へ進学することを知っていて推薦してくれたのである。

　初めて法医学教室の扉を叩いた日のことは10年以上が経った今も鮮明に覚えている。医学部のある阿倍野キャンパスは著者が4年間を過ごした杉本キャンパスとは違って都会的で，教授室の前室には秘書の方がいて，著者を丁寧に招き入れてくれた。いかにも学生風な礼節を欠いた著者に嫌な顔もせず，前田均先生（前教授，現・名誉教授）は自己紹介と依頼内容を説明して下さり，ひと通りの話を終えた後，教室員との懇親会にも誘っていただいた。当時はポリグラフ検査官になるのが夢だった著者は，警察関係の情報が得られたり，その頃入手が難しかった『日本鑑識科学技術学会誌』（現『日本法科学技術学会誌』）や『科学警察研究所報告（法科学編）』を読ませてもらえたりできることも魅力で，法医学教室に通うこととなった。

　当初の依頼であった"仕事"の内容は被害者遺族の方々が記入したアンケート調査のデータ分析であったが，最初の分析結果を前田先生に説明した際に論文にするように言われた。卒業論文を除けば大学紀要程度しか執筆経験のない修士課程1回生の著者には当惑の極みであったが，兎にも角にも"論文の書き方"などで検索した参考書を頼りに執筆を始めた。今振り返ってもあまり出来のよくなかった原稿を前田先生は丁寧に修正して下さり，2003年，著者にとっては初めての査読論文が日本賠償科学会の『賠償科学』に受理・掲載された。その後も学外研

究員として正式に法医学教室に籍を置かせていただき，和文誌に投稿したいくつかの論文が受理され，前田先生が会長を務めた第43回日本犯罪学会総会で研究発表したりしていた頃，不意に「今度は英語で論文を書いてみてください」と言われた。再びこの突如たる要請を受け，"英語論文の書き方"などの参考書を必死で渉猟したことは言うまでもない。そして2009年，心理学領域では最大規模のAmerican Psychological Associationの機関誌に初めての国際誌論文がアクセプトされるに至った。それ以後，地道に集められたアンケートの回答を様々な観点から分析し，いくつかの論文を国際誌に公表することができた。また，今回は，同教室の石川先生（前准教授，現・教授）らとの共同研究の過程で得られた成果を軸に，一区切りとしての本書をまとめることをお許しいただいた。要田先生のお蔭でこのような本邦では類を見ない調査の機会を与えられたことは著者にとって幸運であった。思いもよらなかったこの法医学教室での研究は，結果的に，著者の本務である児童心理司としての業務にも大いに活かされている。

　我々専門家としての実務の基盤は科学的データ分析であること，その過程で独断と偏見を排して客観性と普遍性を担保するためにコンスタントにまとめて投稿し，査読（peer review）を受けて論文をアクセプトさせること，国際的感性を養うために英文で執筆することなど，前田先生からご教授いただいた訓示が，現在曲がりなりにも科学者然としている著者を形作っている。学術研究においては専門家としての職業倫理と理念に基づく斬新な発想と自己研鑽・向上のための地道な努力の積み重ねが肝要という教えと理解している。畑違いの心理学徒を指導するご意思があったかどうかわからないが，前田先生からいただいた"仕事"の要求水準が高くなるにつれて，著者が学術研究の面白さに魅了されていったことは間違いない。その意味で，本書は前田先生からの厳しくも手厚いご指導の結果と感謝している。

　なお，監修を引き受けてくださった石川隆紀先生，論文の共著者である道上知美先生，西由布子さん，山添理予さん，ならびにアンケート調査の実施に携わっていただいた教室員の方々，そして何よりご協力いただいたご遺族の方々に感謝の意を述べたいと思います。

　　　2015年

　　　　　　　　　　　　　　　　　　　　　　　　　　　　　　　　著者

あとがき

　平成16年（2004年）の秋に「犯罪被害者等基本法」が成立してから早11年が経った。同法では，犯罪被害者やその家族らに対する二次被害防止のための施策を講じることと，そのための実態調査の必要性が謳われているが，現実には，関連の実務・学術分野においてその気運が高まっているとはいえず，特に犯罪被害死亡者の遺族らに関する調査には乏しい。わが国では，警察によって犯罪死あるいはその疑いがあると判断された死亡者はすべて司法解剖に附されることになっている。その担い手は大学の法医学教室とされているが，先進の諸外国に比べて，わが国の施設の財政基盤は脆弱，設備・備品や構成スタッフは貧弱で，果たして遺族らの期待に応えられるような対応ができているのかどうかは疑問である。そのような疑問から，当教室では，上記の立法に先立つ平成11年（1999年）から，司法解剖に対する遺族ら各々の思いや率直な声に耳を傾けるためにアンケート調査を開始した。その際，各解剖例の背景や事件の内容と遺族らの心理的反応・変調との関わりを把握する必要性に鑑み，いわゆる心的外傷の重症度を測るため，臨床心理学領域の協力者を求めたところ，本著の著者である緒方氏の協力を得ることができた。

　緒方氏は，私たちの意を酌み，アンケート調査用紙の作成と個々の回答の評価に取り組むとともに，全回答について心理学的分析を行い，法医解剖実務に還元して遺族らの支援に応用しうる意義深い知見を示してくれた。その成果は国内ではなかなか受け入れてはもらえなかったが，国際専門誌に投稿した数編の論文が受理・掲載された。これはひとえに緒方氏の優れた着想とたゆまない努力によるものである。本著は，同氏のそれら一連の研究成果を骨子として，その社会的背景と心理学的要因を，国内外の研究と比較検討しながら包括的に論じた先進的かつ斬新なものである。

　犯罪被害者や家族らの法的地位確立のため，理解と配慮をもって接することは，法医学を担う医師のみならず，社会の当然の責務であろう。それは社会的危機管理の一環である刑事司法および最後の医療である法医学に対する国民の理解を深

めて信頼を高めるばかりではなく，公衆衛生の増進にも寄与し，その結果，広く社会全体の利益につながるものである。わが国においても犯罪は凶悪化・巧妙化の兆しがみられ，警察のみならず，法医学をはじめとする医学会，法曹界や関連民間機関も社会の変化に応じた被害者対策に取り組みつつある。しかしながら，立法後も犯罪被害者給付金などの制度が十分に機能しているとは言い難い。本来，被害者に与えられるべき権利として，公平な処遇や被害回復などのほかに，情報提供を受ける権利が与えられたことにより，これらの制度が円滑に機能すれば，再被害が防止され，平穏かつ安全な生活が守られるはずである。司法解剖を通じて，犯罪によって生じた有形無形の損害を修復することができるのであれば，修復的司法の理念や実践を広げて社会に浸透させることよりも，それらの理念や実践をどのように被害者や家族らに実感してもらえるかの方がより重要と思われる。

　最後に，犯罪被害者や家族らへの危機介入活動の黎明期を迎えたわが国の法医学がいかなる課題をもって被害者対策に取り組むべきなのか考えておきたい。まず，被害者らの支援活動のための財政基盤および人材基盤の確保が挙げられる。人権擁護と社会的危機管理に広くかつ深く関わる法医学において，個人の人権と社会の利益・公平性を守るという観点から，医学・医療およびその関連システムのあり方を考え，関連学術分野と連携を保ちながら，法医実務を通じて，学術的成果を包括的・学際的に社会に還元していくことが，法医学の基本理念であり目標でもある。法医学を担う医師にとっては，犯罪被害者らに対する社会的責任を伴う活動がますます重視されるようになってくることが予想され，業務の内容・質に応じて人材を確保する必要性が出てきている。しかしながら司法解剖に係る経費は年々削減されてきて，専従職員の雇用や必要備品を整えるための資金を確保することすら厳しくなっている。犯罪被害者らに対する医学的判断を求められる事柄に関して，司法解剖に伴う検査の必要性の有無についてすら警察官に判断の権限が与えられている。次いで，犯罪被害者対策の経費も充実しているとはいえない。犯罪被害者がどのような支援を必要としているのかの判断も警察官に委ねられており，実質的には被害者ら自身が自己決定できるような支援プログラムにはなっていないのが現状である。警察などの司法関係者と犯罪被害者らとの連携という課題に関しては，被害者らの利益のために関係機関が誠実に対応し続けられるような体制を構築することが重要であろう。犯罪被害者給付金を始めとして，犯罪被害者らへの対応の基本理念の構築が最重要課題である。

司法解剖を担う大学法医学教室として，国際的視点や研究業績が重要であることはいうまでもないが，その基盤となるべき地域社会に根づいた中核機関を確保・存続させていくことが，今後，法医学の重要性の理解を深めるための課題となっていくものと考えられる。地域社会の危機管理並びに被害者支援と冤罪防止の両面的視点から，"司法制度を支える基盤"としての法医学を整備・システム化して効率的に機能させる必要性がある。その過程で，本著にまとめられた犯罪被害者遺族らの心理的ストレスに関する成果が生かされることを願っている。

　　　　　　　　　　　　　　石川　隆紀（大阪市立大学大学院教授）

【監修者紹介】

石川 隆紀（いしかわ　たかき）

1973年　東京生まれ
1999年　川崎医科大学卒業
1999〜2003年　岡山大学大学院医学研究科 博士課程（医学系，法医学専攻）修了
2013〜2015年　鳥取大学医学部医学科社会医学講座 法医学 教授
2015年4月〜現在に至る　大阪市立大学大学院医学研究科 法医学 教授
法医病理学・法医中毒学を中心に臨床法医学を基盤として，これまでに2,600体以上の死体検案・解剖に従事
2009年　日本法医学会学術奨励賞および日本犯罪学会学術奨励賞受賞

前田　均（まえだ　ひとし）

1950年　兵庫県西宮市で生まれる
1974年　和歌山県立医科大学卒業，医師免許取得
1980年　和歌山県立医科大学大学院医学研究科修了，博士（医学）の学位取得
1980年　金沢大学助手（医学部法医学講座），同年 講師，1987年 助教授
1986年から1年間　アレキサンダー・フォン・フンボルト財団奨学研究員としてドイツ連邦共和国ケルン大学法医学教室に留学
1990年　大阪市立大学教授（医学部・医学研究科法医学講座）
2017年　大阪市立大学大学院名誉教授
専門は法医学，犯罪学，被害者学および賠償科学，各分野の実務と研究に従事
第40回日本賠償科学会会長（2002年），第43回日本犯罪学会会長（2006年）および第7回国際法医学シンポジウム会長（2008年）
現・日本法医学会名誉会員およびドイツ法医学会名誉会員
国際学術雑誌 Forensic Science International, International Journal of Legal Medicine, Forensic Science, Medicine, and Pathology, Archiv für Kriminologie 外の編集委員
著書に『現代の法医学』金原出版（分担執筆），『死体検案ハンドブック』金芳堂（分担執筆），『アルコール，タバコ，覚せい剤，麻薬，薬物依存Q&A（シリーズ・暮らしの科学）』ミネルヴァ書房（編著），『Encyclopedia of forensic and legal medicine, 2nd edition』Elsevier（分担執筆），『The global practice of forensic science』John Wiley & Sons（分担執筆）など

【著者紹介】

緒方 康介（おがた　こうすけ）

1980年　堺市に誕生
2002年　大阪市立大学生活科学部卒業
2003年～　児童心理司として勤務する傍ら
2005年～　同大学院医学研究科法医学教室学外研究員
2010年　同大学院創造都市研究科客員研究員を経て
2014年　同大学院創造都市研究科博士（後期）課程修了，博士（創造都市）
専門は，犯罪心理学（Forensic Psychology），計量心理学（Psychometrics）
2012年　日本犯罪学会学術奨励賞受賞
著者に，『アルコール，タバコ，覚せい剤，麻薬，薬物依存Q＆A』ミネルヴァ書房（分担執筆），『被虐待児の知能アセスメント』多賀出版（単著），『虐待された子どもの知能心理学』多賀出版（単著）
児童相談所における心理アセスメント実務を通して，これまでに1,000名以上の虐待被害児，非行児童，知的障がい児等の臨床・研究に携わりながら，犯罪被害者遺族に関する研究にも従事

"暴力死"による被害者遺族のトラウマ症状――司法解剖例の分析――

2016年11月30日　第1版第1刷発行

　　　　　　　　　　ⓒ著　者　　緒　方　康　介
　　　　　　　　　　　監修者　　石　川　隆　紀
　　　　　　　　　　　　　　　　前　田　　　均
　　　　　　　　　　　発行所　　多 賀 出 版 株式会社

〒102-0072　東京都千代田区飯田橋3-2-4
　　　　　電　話：03（3262）9996(代)
　　　　　E-mail：taga@msh.biglobe.ne.jp
　　　　　http://www.taga-shuppan.co.jp/

印刷／文昇堂　製本／高地製本

〈検印省略〉　　　　　落丁・乱丁本はお取り替えします。

ISBN978-4-8115-7911-5　C1011